A todos aquellos que quieren ser transformados por el golf y por el liderazgo. Qué desean que sus existencias sean distintas porque tienen propósito en la búsqueda de lo bueno, lo justo y lo bello. Que quieren llevar al máximo su potencial humano tanto material y espiritual. A todos ellos va dirigido.

TU MEJOR TIRO

SÉ EL LÍDER DE TU VIDA... EL GOLF TE ENSEÑA
CÓMO.

JORGE J CRODA

Prologo por:

KEVIN LONG

Prologo por:

LUIS GAVIRIA

Autor JORGE J CRODA MORANDO, Primera edición, diciembre 2020, @2020 Jorge Croda

- www.jorgecroda.com
- contacto@jorgecroda.com
- www.crodaconsulting.com
- crodaconsulting@gmail.com
- https://golf63blog.wordpress.com

- LinkedIn: Jorge J Croda
- Twitter: jorgecroda
- Facebook: Jorge j Croda
- Instagram: jorgecrodam
- YouTube: crodaconsulting

Colaboración:

- Corrección de estilo: Sandra Camacho Verand // LinkedIn: Sandra Camacho Verand
- Corrección académica: Giovanny Herrera Muñoz // LinkedIn: Giovanny Herrera Muñoz
- Editorial: Inmersión Digital // Web: inmersion.digital
- Diseño de portada: Marca con tu Marca

AGRADECIMIENTOS

Gracias infinitas a…

Mi Padre eterno, a Dios, porque mirando a través de sus ojos pude ver que cada golpe fue solo una llamada de atención a lo verdaderamente importante… ¡el amor!

El amor de Linda, mi esposa, que vive conmigo esta historia de constante aprendizaje, aunque, sobre todo, le agradezco compartir conmigo la experiencia única de crear una nueva vida… ¡creo que nada se compara con eso! … ser padres nos cambió para siempre.

Mis hijos, Jimena, María José y Jorge, que me llevaron a otro nivel del amor.

Mi mamá Luz María y a mi papá Jorge, sin ellos, simple y llanamente, no sería quien soy hoy… deseo decirles que no cambio nada de lo vivido… y sé que mi papá me escucha desde el cielo.

Mis hermanos Regina y Javier, me enseñaron a hacerme responsable muy pronto… y nuevamente el amor salió a mi encuentro y me dio la fuerza que necesité en esos momentos; y ese mismo amor aún nos mantiene unidos, aunque Javier ya no está entre nosotros.

Mi cuñado Abelardo, esposo de Regina y amigo mío.

A mis suegros Juan Manuel y Herlinda, a mis cuñados y concuños.

A tíos políticos por parte de mi madre, Humberto (italiano) y Ed (estadounidense), aprendí los valores de la perseverancia, curiosidad, creatividad e innovación; me dieron la oportunidad de experimentar cualquier idea por muy loca o arriesgada que esta fuera. También me enseñaron que debes ver las oportunidades, a ser auténtico, a ser yo mismo, a no vivir fijándome en el qué dirán... y todo estos desde el amor.

A mis sobrinos Yamile, Ivanna, Abelardo y Javier.

A mi abuelo Gabriel por sus sabios consejos, sus enseñanzas y su amor incondicional e infinito que me enseñó a sentir que soy importante... ¡gracias!

A todas estas personas que influyeron para que mi vida hoy sea como es:

A mi profesor Ramón Valdez Castellanos quien me enseño a canalizar mis emociones a través del arte como la declamación, la mandolina y la marimba.

Don Juan Cobo, por llevarme a conocer el golf,

Profesional Lucio Méndez, mi primer profesor de golf,

Gary Player, por ser mi inspiración como jugador y como ser humano,

Barry Lots, por enseñarme el arte de ser maestro profesional de golf,

J.J. Kegan, por enseñarme los fundamentos del negocio del golf de una forma integral,

Tom Schneider y a la liga de golf SEAS, por recibirme con amor como un amigo,

mi amigo Carlos Guzmán, quien me llevó a conocer al First Tee y muchos contactos en FW.

Kevin Long, mi amigo por todo lo aprendido, que me ha permitido tener el honor ser *coach* en el First Tee por más de 10 años,

Richard Best, mi amigo, por ser mi inspiración como *coach* organizacional,

Rafael Maratea, mi amigo y hermano, que siempre ha sido solidario,

Dr. Luis Gaviria, por sus enseñanzas de vida y la formación como neuro coach,

Iñigo Soto, por su amistad y su acercamiento al mercado europeo del golf,

A todas lo organizaciones de la industria del golf en Estados Unidos por acogerme y que me ha permitido educarme y crecer en este fascinante deporte y compartir mis conocimientos para hacer crecer el juego del golf.

A Sandra Camacho Verand, por acompañarme en este mi primer libro, su colaboración en con la corrección de estilo, sus ideas, consejos e investigación de los temas me han sido de mucha ayuda y, sobre todo, siempre estuvo muy presente, me di cuenta que para ella este trabajo es más que eso... es parte de su vida.

Y a Giovanny Herrera por su profesional revisión académica y asesoría técnica de cada apartado de este libro. Sus aportes lograron hacer de esta obra un excelente recurso para el lector, visto desde la neuroeducación.

DEDICATORIA

Porque cuando uno cree que ya no se puede amar más… una nueva vida se crea y el amor crece y se renueva… el 23 de septiembre de 2020 llegó a nuestras vidas Camila… ¡mi primera nieta!

Este libro es para ella.

En las próximas líneas voy a hablar del golf, sus fundamentos, todo lo que nos da y nos enseña para que seamos capaces de llevar nuestras vidas a un nuevo nivel de paz y felicidad… siento una necesidad muy grande —casi imperiosa—, además de profunda, sincera y honesta, de compartir con ustedes toda mi experiencia en este bello deporte porque es capaz de cambiar radicalmente vidas… ¡eso hizo con la mía!

*Hay un concepto muy interesante que es la «herencia epigenética», que es la **transmisión de información** de una generación a otra. Desafortunadamente, todo indica que nuestros traumas y malas experiencias las heredan nuestros hijos… entonces, ¿no sería realmente importante, e incluso determinante, revertir nuestros aspectos y experiencias negativas?*

y, al contrario, ¿tal vez alcanzar la mayor calidad de vida y cualidades posibles?

Por eso este libro es para ti Camila, porque más allá de cuanto tú puedas alcanzar en tu vida, tuo nonno ha alcanzado, gracias al golf, el estado de paz y felicidad que he podido regalar a tu mami y que pido a Dios haya llegado hasta ti y te de la fuerza que necesitas para que seas inmensamente próspera y feliz por ti misma.

Nunca olvides que no estás sola y que eres muy importante… ¡te deseo la vida que tú deseas Camila!

PRÓLOGO POR KEVIN LONG

HACE ALGUNOS AÑOS TUVE LA SUERTE DE CONOCER A Jorge Croda a través de un amigo en común. A medida que Jorge y yo nos fuimos conociendo, quedó claro que teníamos algunas creencias personales y profesionales en común. La principal de ellas fue el concepto de que el golf ofrece maravillosas oportunidades y herramientas de aprendizaje para el crecimiento en la vida que se extienden mucho más allá de este deporte. Ambos nos hemos sentido obligados a través de los años a «retribuir» a los demás a través del juego del golf y eso nos llevó a consolidar una gran amistad entre nosotros y el objetivo común de compartir el don del golf con todos.

Mi viaje personal al golf comenzó por accidente cuando tenía solo once años. No me di cuenta en ese momento, pero este deporte se convertiría en un catalizador para mi viaje hacia la edad adulta. Al momento de escribir este artículo, ya he jugado al golf durante cincuenta años y puedo decir, honestamente, que el golf me ha formado y marcado tanto personal como profesionalmente de manera profunda y significativa. Casi todo lo que soy como esposo, padre, maestro, entrenador, líder y amigo ha sido influenciado por el golf y sus muchos valores inherentes y las oportunidades de aprendizaje que ofrece. El golf me ha llevado a lugares increíbles, me ha ayudado a conocer gente maravillosa y me ha guiado a mi puesto actual como Director Ejecutivo de First Tee - Fort Worth. Tengo la suerte de participar en el acto de regalar a miles de jóvenes en nuestra comunidad, este juego que dura toda la vida y que va asociado a habilidades para vivir y a herramientas de desarrollo del carácter.

En Jorge he encontrado un alma gemela. Su viaje a través del juego de la vida y el golf ha sido diferente al mío, pero ciertamente ha estado marcado por el mismo aprendizaje, inspiración y oportunidades. Jorge sería el primero en decirte que él también ha cambiado para mejor de manera indeleble gracias a su amor por el golf, y cree que puede ser una herramienta de vida positiva y edificante para construir una existencia exitosa. Basándose en las lecciones aprendidas en el golf, Jorge a menudo ha superado circunstancias extremas y situaciones de presión para experimentar un éxito asombroso en sus actividades personales y profesionales. En el núcleo del sistema de creencias de Jorge está el concepto de liderazgo de servicio, el cual lo llevó a explorar y desarrollar formas de ayudar a otros a tener éxito a través de conceptos clave en el aprendizaje del golf que también se aplican a la vida.

Ahora es tu turno de aprender de Jorge y de quienes contribuyeron con este libro sobre el poder del golf para construir una vida plena. Te invito a sumergirte en este libro y, con suerte, su lectura te dará una idea de por qué el golf es una metáfora de la vida y cómo puede brindarte fundamentalmente oportunidades de aprendizaje, crecimiento, salud física y mental y el poder de la amistad, así como también la capacidad de servir y liderar a otros practicando un deporte que puede durar toda la vida. Desde las páginas iniciales, que disipan los mitos sobre el golf, hasta las aplicaciones científicas y prácticas que te ayudarán a comprender mejor las capas que hacen que el juego sea tan atractivo, Jorge te guiará por un camino de curiosidad y descubrimiento.

Si eres un entusiasta del golf desde hace mucho tiempo, o nunca has cogido un palo de golf en tu vida, creo que te sentirás inspirado para unirte a las filas de golfistas que están aprendiendo continuamente a través de este deporte.

¡Disfruta y espero verte en el campo!

Kevin Long
Executive Director
First Tee – Fort Worth
Life Long Golfer and Learner

PRÓLOGO POR DR. LUIS GAVIRIA

Ha sido una amable sorpresa leer "Tu mejor tiro". En este libro, Jorge Croda nos regala un compendio de ideas, estrategias y posibilidades para la vida misma.

Jorge nos comparte el golf como algo accesible, de gran ayuda al desarrollo de un liderazgo que sirve, un liderazgo que transforma. Agradezco a mi querido Rafa Maratea, quien trajo a Jorge a un encuentro hace tiempo en Dallas. Desde el principio encontré en Jorge a un ser humano bondadoso, muy inteligente y con un sentido claro de que el liderazgo es cosa de servicio. Como apasionado del golf, Jorge representa los valores que enseña en su libro. Personalmente nunca practiqué el golf, ahora veo con gran interés mucho de lo que representa.

A través del libro Jorge nos lleva por un pasear por los beneficios del golf, y veo como esta disciplina hace aportaciones reales a quienes lo practican. Definitivamente nos muestra que detrás del golf existe una verdadera filosofía y que en su práctica se aprovechan todos los momentos y también las situaciones, para ir mucho más allá del disfrute mismo del deporte, para crecer como personas y como profesionales.

Me parecen encomiables las aportaciones que Jorge hace a través del "First Tee", organización de la cual hace parte, enseñando valores a niños y jóvenes, apoyándose en el juego del golf.

Hay algo que me parece esencial recalcar: aunque existen profesionales destacados en el mundo, necesitamos personas como Jorge, que practican lo que predican. Jorge es un hombre de familia y con Linda, su esposa, han creado un hermoso hogar.

Me siento feliz de tener en Jorge un amigo y un gran colega. Me sorprendió que siendo Coach Profesional certificado, decidió formarse con nosotros en el Neuroscience & Coaching Institute, en el programa de Coaching basado en Neurociencias. Esto habla claramente de su humildad y de su gran deseo de seguir formándose y transformándose.

Muchas gracias Jorge por presentarme el mundo del golf, por ayudarme también a ver tu alma a través de todo lo que nos compartes en tu libro. Definitivamente, "Tu mejor tiro" ha sido una amable sorpresa.

Dr. Luis Gaviria
Director & Provost
Neuroscience & Coaching Institute
Luis Gaviria

#GOLFLIFESTYLE

POTENCIA TU INGENIO Y CAPACIDAD DE
LIDERAZGO CON LOS FUNDAMENTOS DEL GOLF
PARA UN ESTILO DE VIDA.

Únete al reto de los millones de inspirados en los
fundamentos del golf.

ÍNDICE

INTRODUCCIÓN

 Son tus decisiones, y no tus condiciones, las que determinan tu vida.

— ANTHONY ROBBINS

Con este libro deseo, sinceramente, que tu curiosidad innata se despierte, veas y consideres los fundamentos del golf como un instrumento de desarrollo, evolución de tu vida personal y profesional. ¡Y ojo!, te estoy planteando crecer y mejorar a partir de aprender los fundamentos del golf, no de la práctica misma del golf... aunque mi recomendación sería integrar ambos para que tú y quienes te rodean, en todos los ámbitos de tu vida, puedan disfrutar... sí... ¡disfrutar!, de los beneficios que la práctica de este deporte tan completo —aunque a veces sea muy malinterpretado y malentendido— nos ofrece.

Verás que las habilidades que se adquieren a través del golf salen a relucir en el momento justo y preciso, la igual si estás en casa, en una fiesta o en el trabajo, serás capaz de mantener la calma en situaciones difíciles o complejas, tu seguridad se hará evidente, te sorprenderá a ti mismo por la capacidad que se desarrolla para controlar el estrés. En el trabajo serás capaz de tomar decisiones basadas en estrategias perfectamente bien orientadas, y tu capacidad de concentración y de trabajo en equipo y liderazgo serán sorprendentes. Verás que estas cualidades, tanto en la perseverancia como en la honestidad, se adquieren, cultivan y desarrollan con naturalidad siguiendo la línea del golf y sus fundamentos, porque con la práctica de este deporte se fortalecen por igual el cuerpo y la mente

Me atrevo a decir esto en base a mis años de experiencia en el mundo del golf como jugador, como instructor, como superintendente de campos y como embajador de la industria del golf.

Este libro es una guía en la que comparto todo lo bueno que el golf ha traído a mi vida, pero, sobre todo, es un libro con el que deseo agradecer a este magnífico deporte por todos los beneficios que me ha aportado y gracias a los cuales hoy puedo tener la satisfacción de considerarme buen hijo, hermano, estudiante, colaborador, profesional, esposo, padre, abuelo, buena persona, un mejor líder y ciudadano más responsable, que disfruta con serenidad y libertad del éxito emocional y material… y como la mejor manera de agradecer es compartir, aquí te dejo todo cuanto he experimentado, aprendido y vivido para que lo hagas tuyo y transformes tus días en una vida plena.

1

DESCUBRE LOS BENEFICIOS QUE INVALIDAN LOS MITOS SOBRE EL GOLF

«El golf es el juego más cerca al juego que llamamos vida. Usted obtiene mala suerte de buenos golpes; obtener buenas oportunidades de tiros malos – pero hay que jugar la pelota tal como se encuentra».

— BOBBY JONES

PARA EMPEZAR CORRECTAMENTE, CREO QUE LO QUE tenemos que hacer primero es definir lo mejor posible el golf.

El golf es un deporte que requiere de precisión para introducir una bola, con el menor número de golpes posibles, en los hoyos que se encuentras distribuidos en el campo de golf. Para ello, el jugador de golf, o golfista, utiliza unos palos que difieren ligeramente entre sí, dependiendo el tipo de golpe que necesita dar. Cada golfista puede jugar con un mínimo de cinco palos y un máximo de catorce. Por otro lado, los campos de golf profesionales cuentan con 18 hoyos, aunque también hay campos con 9 hoyos y para completar los 18 de una partida estándar, se juegan dos vueltas.

Esta es una definición que describe objetivamente este deporte, aunque no aclara ni ayuda a definir los grandes beneficios que su práctica aporta a la vida de los golfistas, profesionales o no; ni tampoco ayuda a derribar los mitos negativos que se han creado alrededor del golf... veamos algunos de ellos para ver que realmente no es necesario continuar creyendo en estos mitos, veremos que el golf:

ES PARA LAS ÉLITES: en realidad no es así. En la mayoría de los países hay campos públicos y cursos de iniciación muy asequibles e incluso gratis; en realidad, está al alcance de todos sin ninguna distinción... es más, algunos países están integrando programas de iniciación al golf para sus alumnos de las escuelas públicas.

Y como este no es un deporte precisamente popular, lo que no se sabe es que muchos de los profesionales del golf vienen de familias con pocos recursos, pero sí con muchas ganas de ser alguien en la vida y que han conseguido forjarse en los campos de golf, así es que este es un deporte que te inspira a crecer.

ES CARO: en realidad, no es más caro que el promedio de los deportes. Debemos recordar que todo deporte o afición implica una inversión. Iniciarse en el golf, o en cualquier otro deporte o actividad, requiere de una inversión inicial que puede variar dependiendo de muchos factores, pero una vez pasada esta etapa, el golf es un deporte incluso más económico que muchos otros... ¡es más!, de hecho, se sugiere empezar con un equipo usado, no necesitas iniciarte en el golf con un equipo nuevo, así, una vez que tengas desarrollado tu *swing*, entonces sí puedes acudir con un profesional para que te ayude a escoger el equipo que se adecue más a tus necesidades.

Además, la lista de beneficios físicos, emocionales y psicológicos es tan larga que no solo justifica la inversión, sino que también se nos va de la mano en este libro, por eso te aconsejo curiosear en internet y buscar artículos sobre los beneficios que aporta el golf a nuestra salud.

No es fácil de aprender: el golf no es difícil, es un deporte que requiere de mucha técnica y por lo tanto de mucha práctica, sin embargo, cuando comienzas aprendiendo los fundamentos de una forma fácil, sencilla y divertida, resulta muy gratificante.

Y créeme, una vez aprendida la técnica del golf, te servirá para toda la vida, ya que no hay límite de edad para este deporte, y lo más importante, la práctica de esta técnica no se restringe a los límites de los campos de golf, en realidad, te servirá para salir adelante en la vida misma, la podrás poner en práctica en tu día a día.

No es divertido: ¡En absoluto! Te bastará una ronda para que te des cuenta que el tiempo se te ha pasado volando y que te has podido evadir por completo de los problemas y del estrés de la vida diaria… verás que incluso llega a ser adictivo.

Toma mucho tiempo: Esta afirmación es cierta si contamos el tiempo en horas absolutas como tales… pero si te has tomado un momento para leer el artículo recomendado en el apartado «El golf es caro», entonces, está claro que para los innumerables e inimaginables beneficios que nos aporta el golf, todo tiempo es poco y además no puede estar mejor invertido… eso sin contar que lo puedes jugar solo, acompañado, de día, de noche y casi siempre… en países con climas extremos, puede haber momentos en los que sea mejor simplemente disfrutar de los beneficios que este deporte trae a nuestra vida privada, social y laboral.

Lo juegan pocas personas: La verdad es que cada vez más gente está interesada en practicar este deporte debido a los grandes beneficios físicos, psicológicos, emocionales, sociales, laborales y de negocio que aporta... ¡eso sí! una de las cualidades de este deporte es la integridad, y quien lo practica, suele ser íntegro también... es una de las razones por las cuales «parece» que es un deporte poco común... y en realidad, no es así.

Perjudica el medioambiente: ¡Al contrario! La tendencia es construir los campos de golf en zonas abandonadas, lo cual significa una mejora paisajística a favor de la flora y fauna del lugar donde se encuentre el campo. La otra tendencia para el mantenimiento de los campos de golf es usar agua reciclada para el riego, y otro gran beneficio a tener en cuenta es que se ayuda a reducir la erosión del suelo.

No contribuye con la economía: Lo cierto es que el golf genera y promueve la inversión en campos, en hostelería, en maquinaria, en actividades comerciales y de comunicación, en el sector inmobiliario y de turismo, y además crea puestos de trabajo directos e indirectos. Por otro lado, es un deporte que no cuenta con subvenciones, se mantiene a sí mismo, y todos estos falsos mitos son un obstáculo para que el golf sea visto como un deporte popular que cuente con el apoyo y patrocinio de marcas y empresas.

Beneficia la salud de los espectadores: La Universidad de Edimburgo, junto con el *Golf & Health Project*, publicó una nueva investigación sobre los beneficios para la salud de los espectadores de golf, que muestra que quienes asisten a eventos de golf podrían obtener beneficios similares a los jugadores. El estudio es el primero en evaluar la actividad física de los espectadores mientras ven un partido de golf y muestra que, de los fanáticos encuestados, el 82,9 % cumplió con los niveles de recuento de pasos diarios recomendados al lograr una media de 11 589 pasos.

Lo verdaderamente lamentable de esta situación es que, al mantenerse vivos estos mitos, se está evitando llevar el golf al alcance de las grandes mayorías, que se están viendo privadas de los beneficios personales, sociales y laborales que les puede aportar el golf.

La manera más sana para romper y derribar estos mitos, además de rebatir —como hemos hecho líneas arriba— cada uno de ellos, es detallar solo algunos de los principales beneficios que aporta el golf, puesto que detallarlos todos sería una tarea interminable.

Igualmente es importante destacar que la práctica del golf otorga una serie de beneficios personales que favorecen la conservación de la integridad física y mental de las personas, se pueden destacar los siguientes:

- El hecho de caminar entre siete y diez kilómetros mejora la salud cardiovascular, regula la tensión arterial, mantiene a raya los triglicéridos y el colesterol. Si por alguna razón no puedes caminar esta distancia, se cuenta con la alternativa de hacerlo en un buggy lo cual tributa a la salud mental por la placidez del vehículo y la tranquilidad del paisaje.
- Tonifica los músculos de brazos, piernas, espalda, tórax, abdominales y lumbares
- Mejora la coordinación, el equilibrio y la flexibilidad.
- Oxigena la sangre y potencia la síntesis de la

vitamina D, por lo que los huesos se fortalecen y la circulación mejora.

- Al no ser un deporte de alto impacto, no perjudica las articulaciones como otros deportes, ni tampoco es exigente a nivel de fuerza física, por lo tanto no hay limites de edad para practicarlo.
- Mejora la salud mental porque la concentración y estrategia que exige el golf hace que el jugador pueda desconectarse de las preocupaciones diarias cuando enfoca todos sus sentidos y esfuerzos a su juego… te hace estar presente.
- Es un deporte individual, pero que permite que en un mismo partido participen jugadores de diferentes sexos, edades, niveles… por lo que puede ser un deporte familiar y de amigos
- Fomenta nuevas amistades y mejora las relaciones sociales porque brinda la oportunidad de interactuar con otras personas.
- Transmite valores como el esfuerzo, la perseverancia, la confianza, la cortesía, la integridad, el buen juicio, la honradez… todos ellos muy valorados en la empresa y en la vida.
- Inculca la puntualidad, que implica orden, disciplina, respeto, responsabilidad, sentido de cumplimiento, buenos hábitos, exigencia a uno mismo, planeación, eficiencia, eficacia, y muchas otras cualidades más que se pueden resumir en la frase: «la puntualidad es el alma de la cortesía»
- Con cada golpe aprendes a controlar la pelota, tu cuerpo y tu mente, con lo cual desarrollarás niveles de paciencia y serenidad que pensabas inalcanzables.
- Serás consciente de cómo se eleva tu tolerancia a la frustración, porque el golf es como la vida, no todo es perfecto.

- …Todo esto se realiza en contacto con la naturaleza durante horas… un perfecto efecto antiestrés. ¿Qué más se puede pedir?

BENEFICIOS SOCIALES Y LABORALES.

Es importante reconocer que el juego del golf proporciona a los jugadores destrezas sociales fundamentales, puesto que genera habilidades de comunicación para aprender a relacionarse con personas de diferentes procedencias a partir de referentes comunes aprendidos en el entorno golfístico, es decir el golf porta un lenguaje propio para la ejecución del deporte pero este trasciende a un lenguaje que permite un diálogo común entre practicantes y asistentes lo que redunda en un entorno social armonioso y de relacionamiento positivo. De igual manera el golf se presenta como un medio en el cual las interacciones que ocurren entre diferentes personas que portan diferentes habilidades y profesiones se prestan para crear, generar o proponer acciones laborales que se originan como producto de la confianza y empatía que surge en el campo de aprendizaje y práctica del golf.

Específicamente, se pueden destacar los siguientes beneficios sociales y laborales:

- Ayuda a desarrollar el autocontrol porque enseña a manejar/eliminar el enojo y la ira
- Desarrolla la concentración pues es un requisito básico e indispensable para jugar golf
- Eleva la autoestima; según tu juego vaya progresando sentirás más confianza y seguridad
- Brinda la posibilidad de desarrollar y practicar la camaradería con los amigos y compañeros de juego

- Demuestra tu honestidad con el control del número de golpes
- Impulsa la perseverancia
- Promueve la competitividad
- Entrenas tu capacidad de toma de decisiones... cada golpe es una decisión
- Aprendes la importancia de hacer caso a la intuición
- Aprendes a interpretar y comprender el carácter, la personalidad y el comportamiento humano en los compañeros de juego
- Eleva la confianza en las relaciones personales, laborales y comerciales
- Brinda la oportunidad de conocer personas de diferentes profesiones con las consecuentes oportunidades a nivel laboral, profesional y de negocios.

Todas estas cualidades te las puedo resumir describiendo mi propia experiencia con este deporte a lo largo de prácticamente toda mi vida: «El golf me enseñó a conocer mis limitaciones, a aceptar mis frustraciones, a respetar a los demás y a no mentirme ni a mí mismo».

EL GOLF Y LOS NIÑOS.

Hasta ahora hemos hablado de los beneficios del golf en los adultos... ¿y qué pasa con los niños? Estos al igual que los jóvenes, resultan ser la población más beneficiada, puesto que cualquier deporte que se aprende desde la infancia tributa al niño practicante no solo un entorno saludable, sino todo un espacio propicio para crecer en valores de toda índole, al igual que aprender la importancia que conlleva la disciplina para cualquier dimensión que se asuma en el transcurso de vida, además se puede avanzar desde el aprendizaje por diversión hasta la práctica profesional del golf y para esto iniciar durante la infancia es la mejor decisión.

Ahora bien, lo anterior era pensar **el golf desde la infancia**, otra cosa es el golf para la infancia, esta dimensión se presenta como un maravilloso complemento de la vida escolar y la construcción de socialización primaria, es decir, más que aprender contenidos, lo cual es importante, el golf ayuda a formar al niño para la interacción familiar y escolar a partir de códigos de relación para convivir en sociedad que le serán útiles para el resto de la vida, contribuyendo a que el niño piense en orientar su vida hacia los mejores propósitos y hacia la excelencia.

Como segundo aspecto, se puede reflexionar acerca del **golf para la infancia**, es decir, este deporte tiene toda una fundamentación, formación, acompañamiento, programas de entrenamiento, asesoría, prácticas, torneos, entre otros aspectos que están diseñados en clave de la infancia, es decir que se cuenta con toda la fundamentación teórica, instruccional y profesional que garantiza el aprendizaje, práctica y crecimiento personal desde la infancia por la preparación en el deporte del golf.

Finalmente es importante contemplar **el golf con la infancia**, puesto que, como producto de las dos consideraciones anteriores, el golf desde la infancia y el golf para la infancia, se evidencia la multiplicidad de aportes que el golf le ofrece a los niños para la consolidación de la persona humana, es decir de un ser con valores personales y colectivos que le permite desempeñarse como un individuo que le tributa positivamente a la sociedad.

Lo ideal es inculcar este deporte en los niños a partir de los seis años, que es la mejor edad para empezar a practicar este deporte porque:

- Es divertido y «engancha» a los niños rápidamente puesto que los avanzan y mejoran más rápido que en otros deportes
- Les permite interactuar con adultos y familiares
- Les permite desarrollar la capacidad de socialización y de relaciones humanas
- Fomenta la competencia positiva
- Promueve el juego limpio entre los participantes
- Potencia la toma de decisiones
- Fomenta el deseo de sobresalir; el niño se divierte batiendo récords
- Enseña a valorar y respetar la naturaleza al estar en permanente contacto con ella durante el juego
- La disciplina inherente a este deporte se hará naturalmente parte del comportamiento del niño
- Ayuda a ganar autonomía
- Relaja el cuerpo y la mente, mejora la concentración
- Mejora y perfecciona las motricidades fina y gruesa
- Mejora la coordinación, balance y equilibrio
- Mejora la capacidad de ubicación espacial y lateralidad
- Estimula la lectoescritura y el pensamiento matemático
- Desarrolla la capacidad de pensamiento crítico y creativo
- Promueve el esfuerzo (frecuencia, tiempo, ritmo y emoción)
- Forma en valores tales como el Respeto, Responsabilidad, Confianza, Cortesía, Honestidad, Integridad, Perseverancia, Puntualidad

Resumiendo, podemos afirmar que el golf permite que los niños canalicen de manera positiva sus emociones y potencien sus cualidades. Estos elementos positivos se trasladan al resto de sus vidas y mejora el equilibrio y el rendimiento general.

¿Te imaginas poder disfrutar, desde pequeño, de los beneficios que el golf ofrece para el desarrollo y potencialización de las cualidades innatas del ser humano?

EL GOLF Y LA INCLUSIÓN.

Ahora vayamos un paso más allá, hablemos de la inclusión en el golf, hablemos del golf para personas en condiciones de discapacidad o necesidades especiales. No, que no suene raro... ¡al contrario! Gracias a los valores inherentes a este deporte, cualquier campo de golf se convierte en el ambiente idóneo en el que personas con alguna condición en particular y que aparentemente no puede realizar algunas funciones, en realidad sí lo pueden hacer, puesto que mejora algunas de sus habilidades físicas y mentales, dentro de un aura de respeto y tolerancia acorde a las características de cada caso. Se puede apreciar que el golf en clave de inclusión tiene una apuesta donde la religión, la condición económica, la orientación sexual, el género, la etnia y en particular la condición física o mental, no son excluyentes, por el contrario, *"todas y todos, son bienvenidos"*.

Es importante aclarar que esta es una realidad, tímida todavía, pero que está dando resultados convincentes y seguramente muy pronto muchos países se sumarán a Argentina y España, que son las naciones donde encontramos en la actualidad campos de golf con programas especiales para personas en condiciones particulares. Basándonos en la entrevista Realizada el año 2015 a Nora Lelczuk Goldfinger en el canal web Down21.org de la Fundación Iberoamericana Down21, podemos llegar a la conclusión de que gracias a estos programas, muchas personas en condiciones de discapacidad logran aprender y disfrutar componentes de este deporte, porque pueden:

- Lograr las metas que alcanzan los jugadores sin ninguna discapacidad y ser ejemplo para la sociedad
- Recibir los mismos estímulos que cualquier otro jugador, además de participar en los mismos ambientes. Esto les ayuda a aprender las pautas para una convivencia natural en cualquier entorno
- Mejorar en matemáticas porque aprenden los conceptos de dirección, distancia, fuerza y espacio. Además, al tener que llevar el control del número de golpes, mejoran también sus habilidades para sumar
- Mejorar físicamente porque los movimientos del golf hacen las veces de rehabilitación
- Mejorar la coordinación
- Mejorar el estado de ánimo
- Estimular y mejorar la relación con los padres, la familia y la sociedad en general
- Aprender a entender y seguir reglas de una manera divertida
- Adquirir, como cualquier otro deportista, valores como la responsabilidad, el compañerismo, la solidaridad, el respeto, la organización, la alegría, entre otros.
- Enorgullecer a la familia y amigos gracias a la felicidad y alegría con la que viven su progreso, pero, sobre todo, permitiendo una retroalimentación favorable en todos sus ambientes
- Ser testimonio para que otras personas se animen a practicarlo

Entonces, si mantenemos una mente abierta a todas las posibilidades que podemos buscar y encontrar, o que se nos pueden presentar para iniciarnos en el mundo del golf, verán que cualquier esfuerzo no solo valió la pena, sino que es poco en comparación con todos los beneficios que nos puede regalar este magnífico deporte para hacer que nuestra vida se convierta en una existencia sana, equilibrada, provechosa, coherente y feliz.

Creo que a estas alturas ya podemos dejar los mitos de lado... una pelota de golf, un palo y un pequeño espacio en tu hogar son suficientes para empezar esta aventura que sin duda alguna dejará de ser un pasatiempo o una simple prueba y se convertirá en un estilo de vida... una nueva vida... ¡tu vida!

 La imagen del golf siempre viene ligada, a que es un deporte elitista, caro y para viejos; nada más fuera de la realidad, hay muchos ejemplos de instalaciones de práctica y campos de golf, que si los hiciésemos una foto todas las mañanas, podríamos ver que todos los clientes son como tú y como yo... Estos mitos del golf, hacen mucho daño al golf, alejándolo de los deportes populares porque simplemente la gente tiene una imagen errónea ya preconcebida. Ya cuando ven la palabra golf, tienen prejuicios y piensan que es un deporte inaccesible para ellos.

— TESTIMONIO DE J.F. (INICIÓ EL GOLF EN SU JUVENTUD)

"De primera mano tengo la experiencia de lo que el deporte del golf a través del First Tee ha logrado en mis hijos después de 10 años formando su carácter, fortaleciendo los valores y las habilidades para la vida como la comunicación, el autocontrol el establecimiento de objetivos, y superar los desafíos, además de convivir con diversidad en inclusión, los ayudó a ser buenas personas y ciudadanos más responsables.

— TESTIMONIO DE R.C (UN PADRE DE FAMILIA)

"He tenido la oportunidad de aprender los fundamentos del juego con una mínima inversión y usando un tiempo razonable. En mi mente se han derribado todos los mitos que existen sobre el golf, en cambio, me he encontrado con muchos beneficios para mi vida personal, la de mi familia y mi vida profesional.

Los valores y las habilidades que se aprenden de este deporte son esenciales para la vida.

— TESTIMONIO DE A. S. (INICIÓ EN EL GOLF SIENDO UN ADULTO)

EJERCICIOS DE CONCENTRACIÓN MENTAL:

#1 EL PASEO DE LOS AROMAS: Elige un parque o un camino que te guste especialmente y ve a dar un paseo. Mientras caminas, ve prestando atención a los diferentes olores y aromas que te rodean. Céntrate en uno en concreto que te guste y regodéate en él. Verás cómo se va intensificando a medida que aumenta tu concentración en ese olor. Propósito: disfrutar del campo de golf, porque te da paz interior.

#2 LA TÉCNICA DE LOS DOS MINUTOS: Necesitarás un reloj con segundero. El juego consiste en que centres tu atención única y exclusivamente en la aguja del segundero, siguiendo con la vista su recorrido alrededor de la esfera del reloj. Te verás al principio sorprendido pensando en otras cosas. Cuando esto te ocurra, vuelve a empezar de nuevo e intenta pensar y concentrarte sólo en la aguja del reloj. Deberás hacer el recorrido dos veces; es decir, dos minutos. Propósito: lograr el control propio para aprender y jugar en paz interior, libre de ansiedad.

#3 EL VASO DE AGUA: Coge un vaso transparente y llénalo de agua hasta la mitad. A continuación, cógelo con la mano que prefieras y estira tu brazo hasta la altura de tus ojos. El objetivo es mantener fijo e inmóvil el contenido del vaso, durante al menos 3 minutos. Propósito: Dominio y control del cuerpo para estar atento al proceso de formación y para jugar con dominio y certeza.

ACTIVIDADES DEL CAPÍTULO:

- Elige uno de los mitos acerca del golf y explica con

tus propias palabras por qué no lo es: ¿Cómo animarías a otra persona a tomar la decisión por la práctica del golf?

- ¿Cuál consideras es uno de los valores más importantes que aprende alguien que practica el golf? Explica tu respuesta:

- ¿Qué destacarías acerca de la relación del golf con los niños y las personas en condición de discapacidad?

2

LAS INTELIGENCIAS DEL APRENDIZAJE Y LA NEUROCIENCIA

 Si crees que no puedes mejorar, no sabes nada de la vida.

— RAFAEL NADAL

El camino que une el mundo de las emociones y el aprendizaje es la inteligencia, y esta se desarrolla en el órgano más complejo del cuerpo humano, el cerebro. Gracias a la inteligencia podemos realizar un sinfín de funciones y tareas como razonar, hablar, soñar, sentir emoción, amar, reír, llorar, etc. Como es sabido, la información de todo aquello que nos rodea llega al cerebro a través de los sentidos, luego, procesa toda esta información para darle sentido y significado.

El cerebro también cumple biológicamente, la función de controlar y ser responsable de nuestra digestión, respiración, circulación sanguínea y temperatura corporal.

Asimismo, la inteligencia no es algo fijo ni determinado, es más bien como una multiplicidad de ventanas que puedes abrir o mantener cerradas, pero que cuando las abres, empiezas a descubrir cosas, empiezas a comprender, a asociar, a crear... y todo indica que tanto la inteligencia como el aprendizaje están muy relacionados con la curiosidad, así lo afirma Francisco Mora: «La curiosidad es la llave que abre las ventanas de la atención y con ella el aprendizaje y la memoria y con lo aprendido y su clasificación, la adquisición de nuevos conocimientos».

Gracias a los avances de la ciencia se han podido realizar diversos estudios que relacionan el aprendizaje y la curiosidad, es más, tal parece que es la curiosidad la que empuja el aprendizaje, preparando el cerebro para que aprenda y memorice a largo plazo, pero va aún más allá, resulta que la curiosidad también influye y es determinante para el desarrollo del talento, porque el talento se desarrolla sobre algo que nos llama la atención y nos interesa, esto hace que profundicemos en aquello que nos ha conquistado hasta conseguir sobresalir desarrollando competencias y destrezas específicas.

Cuando algo despierta nuestro interés y curiosidad, solemos reaccionar de manera positiva, nuestras emociones son efectivas, somos capaces de enfocarnos y fijar nuestra atención, tomar decisiones difíciles se nos hace menos complicado alcanzando niveles de perseverancia increíbles con el objetivo de lograr nuestras metas, porque cuando por curiosidad nos interesamos en algo, en realidad nos motivamos y esta motivación es la que nos empuja a hacer todo aquello que sea necesario, insistiendo y persistiendo, hasta alcanzar nuestro objetivo.

Es por todo esto que debemos prestar suma atención a la curiosidad, es un motor de arranque hacia una vida productiva e interesante y, sobre todo, debemos incentivarla y promoverla en nuestros hijos y en nosotros mismos.

Volviendo a la inteligencia, y aunque no se sabe a ciencia cierta en qué parte de la materia gris reside el intelecto, ni qué es lo que hace a una persona más inteligente que otra, lo cierto es que la inteligencia radica en el cerebro, el cual es un músculo que, como cualquier otro músculo de nuestro cuerpo, necesita entrenarse para alcanzar un mayor y mejor rendimiento. Para entrenar el cerebro se necesita constancia, dedicación y una dieta saludable... recuerda a lo largo del libro esto que estamos planteando en estas líneas... ¡tu cerebro tiene una inmensa capacidad de mejorar y desarrollar!, recuérdalo porque conforme vayas avanzando en la lectura de esta guía hacia los beneficios de la práctica del golf, verás hasta qué punto puede beneficiarse tu cerebro, que es el encargado de absolutamente todas nuestras funciones.

En este sentido, el golf es un deporte que, por sus características de individualidad, constancia, tiempo de juego, necesidad de atención y concentración es un excelente entrenamiento físico y mental que involucra los cinco sentidos y con enormes potencialidades a la hora de conocer más sobre cómo pensamos y actuamos y que exige estar en permanente relación con las funciones cerebrales.

Gracias a los avances científicos y a la neurociencia, hoy sabemos que hay nueve inteligencias diferentes y que ya no es tan fácil como antes definir a alguien como inteligente o no inteligente, porque si se te explican los conceptos en base al tipo de inteligencia que tienes —que es como debe ser— podrás entenderlos perfectamente y sin esfuerzo, caso contrario, es perfectamente normal que no los entiendas.

Estos nueve tipos de inteligencia, según Howard Garner, son:

#1 INTELIGENCIA ESPACIAL: Es la inteligencia que nos permite interactuar y entender el entorno espacial y/o tridimensional.

#2 INTELIGENCIA LINGÜÍSTICA: La de nuestros distintos lenguajes, de las palabras. No se limita solamente a lo verbal sino a la capacidad de comunicarse.

#3 INTELIGENCIA LÓGICO-MATEMÁTICA: La relación entre la lógica y la matemática mantiene un vínculo directo e interdependiente con las máquinas. Las hacemos a nuestra imagen y semejanza y nos adaptamos a ellas. Tiene que ver con la capacidad analítica y de razonamiento.

#4 INTELIGENCIA KINESTÉSICA-ESPACIAL: Es la inteligencia de nuestro cuerpo, sus movimientos y sus conquistas gravitacionales.

#5 INTELIGENCIA MUSICAL: Así como existe la inteligencia visual, la inteligencia musical tiene que ver con la capacidad de expresar, transformar, escuchar y apreciar la música, así como la de componer o interpretarla.

#6 INTELIGENCIA INTERPERSONAL: Es la inteligencia de nuestros procesos internos para relacionarnos con los otros. Tiene que ver con nuestra capacidad de comprender a los demás y lo que le sucede a otro individuo en determinado momento o circunstancia.

#7 INTELIGENCIA INTRAPERSONAL: Esta inteligencia no es acerca del «otro», sino de uno mismo, el diálogo hacia adentro. Tiene que ver con nuestra capacidad de reconocer quiénes somos y qué queremos realmente, sin engaños o sin la interferencia de las emociones.

#8 INTELIGENCIA NATURALISTA O MEDIOAMBIENTAL: La que nos brinda atención hacia nuestro entorno natural. Este tipo de inteligencia está relacionada con la habilidad de observación y reflexión sobre lo que sucede en nuestro ambiente.

#9 INTELIGENCIA EXISTENCIAL: Tiene que ver con la búsqueda de la trascendencia, de los fines lejanos y no cercanos.

Saber que existen todos estos tipos de inteligencia es realmente maravilloso porque, aunque no lo queramos reconocer, cuando estamos frente a un nuevo proyecto, una situación fuera de lo común, o una disyuntiva, solemos dudar de nuestra inteligencia y nuestras capacidades; -cuántas veces nos hemos preguntado si somos capaces... -¡y cuántas veces nos hemos respondido: «no puedo, no soy capaz»! porque aprender algo nuevo es salir de nuestra zona de confort, es dar un paso dentro de la incertidumbre, es ir más allá de lo que conocemos y controlamos, de aquello que es predecible... - ¡experimentamos miedo!, y ese miedo nos hace sentir, a la vez, que el aprendizaje se basa en la coacción y en la obligación, cuando en realidad el aprendizaje debe ser un proceso basado en la necesidad, en las ganas... ¡en la inspiración! ... porque si lo crees, lo creas.

Antes de hablar sobre la educación y la relación directa que tiene con el golf, quisiera comentar y tomar en consideración la influencia que tiene el miedo sobre el aprendizaje:

Es completa y absolutamente natural sentir miedo cuando las cosas se nos complican o se nos ponen difíciles, pues se crea un ambiente de incertidumbre, no podemos saber o garantizar un resultado positivo, deja abierta la posibilidad de que no podamos, de que no alcancemos nuestras metas u objetivos y, obviamente, ver las cosas de esta manera tiene consecuencias negativas y perjudiciales a nivel emocional y cognitivo. En el diario The Atlantic de EE. UU. se publicó un artículo en el cual se alerta a los padres al afirmar que «Los estudiantes inhiben su curiosidad y reducen el amor por aprender debido al temor que sienten por fallar».

Timothy Vickery, investigador del Departamento de Psicología de la Universidad de Yale, afirma que «Todo el cerebro "se preocupa" por el éxito y el fracaso, por ganar y perder». La verdad es que, si no fallamos, no aprendemos; como decía Henry Ford, el exitoso inventor norteamericano y padre de la producción en masa: «El fracaso es solo la oportunidad de comenzar de nuevo de forma más inteligente». Sin embargo y a modo de protección, el cerebro evita cualquier situación que —según nuestro cerebro— represente una amenaza y, en consecuencia, inhibe nuestra capacidad para asumir riesgos, inclusive si es un riesgo al que no enfrentamos por primera vez.

Desarrollar, potenciar, fortalecer nuestra confianza y autoestima nos permite encarar y perder el miedo al fracaso, incluso, nos ayuda a valorar las oportunidades que se pierden, a comprender que el fracaso también conlleva beneficios. Para entender que los errores son grandes maestros que no se deben repetir, es necesario que seamos conscientes de nuestras habilidades, capacidades y talentos, esto nos ayudará a no rendirnos, a seguir avanzando, progresando y evolucionando, siempre conscientes de que no intentar, es la peor forma de fracasar.

Dejo a continuación dos *links* en los que podrás apreciar con todo detalle y claridad la gran cantidad y calidad de beneficios que el golf aporta, para que aprendas a afrontar con total naturalidad y a lo largo de toda tu vida este sentimiento tan presente en nuestras vidas como es el miedo, que bien llevado y canalizado, resulta ser un aliado y no un enemigo:

- https://issuu.com/thefirsttee/
  docs/2017_empowering_youth_parents_guide

- https://firsttee.org/wp-content/uploads/2020/05/
  Parents-Guide-Spanish_compressed.pdf

Y mucho más allá del miedo, en estos mismos *links* descubrirás que el golf no solo te brinda una serie de valores y herramientas para aprender a ser feliz, crea además unas bases sanas en todos los aspectos de la persona para cultivar de manera sana el sentimiento implícito más importante en el ser humano: el amor… el amor a uno mismo, a la familia, los amigos y la sociedad en general.

Luego, cuando una persona, independientemente de su edad y de su nivel de capacitación, resuelve aprender algo nuevo porque lo necesita, se dice a sí mismo: «yo me pongo en marcha» y lo hace, aunque una vocecita dentro suyo lo intente disuadir por miedo… es cuando empieza a cambiar toda la anatomía y fisiología de su propio cerebro.

Es por esto que la clave de la transformación educativa está en entender que si una persona, ya sea un niño o un adulto, no aprende, no es porque no sea inteligente, sino porque no estamos hablando de la manera en que esa persona aprende: «El cerebro aprende con diferentes estilos; sería importante que el educador considere que el alumno aprenda de manera visual, auditiva, lingüística y lógica, tiene la capacidad de aprender de manera reflexiva, impulsiva, analítica, global, conceptual, perceptiva, motora, emocional, intrapersonal e interpersonal[1]» … esta última frase, ¿no te parece un resumen perfecto de todos los beneficios que aporta la práctica del golf?… sí, el golf contribuye directamente a estimular el cerebro para abrir no solo ventanas, sino también puertas y las abre de par en par.

Ahora que sabemos que nuestras ventanas se pueden convertir en grandes puertas, podemos adentrarnos un poco más en el apasionante mundo de la neurociencia y el aprendizaje dirigido al éxito más allá de cualquier circunstancia inicial... incluida la edad, porque las funciones ejecutivas del cerebro, que son aquellas que nos permiten adaptarnos psicológicamente y con éxito al medio, son funciones que se aprenden o fortalecen.

Enrique Guldberg, en su monografía *El juego emocional: de la supervivencia a la trascendencia,* nos dice:

> ...El 99 % de la educación, e indirectamente del entrenamiento deportivo, está dirigido a la parte racional y física de la situación a resolver, y nos hemos olvidado de lo más importante, nos hemos olvidado de las fuerzas que dominan mayoritariamente nuestras acciones que son LAS EMOCIONES.

Hay dos emociones que debemos tener muy en cuenta: el miedo y el amor. Seguro ya has escuchado antes que lo contrario al amor es el odio... lo cierto es que lo contrario al amor es el miedo. El miedo nos paraliza, nos tiene y mantiene en estado de supervivencia, donde el estrés, el desgaste físico, emocional y psicológico nos dominan y no nos permiten encontrar soluciones ni plantear y ejecutar medidas correctivas cuando sea oportuno; en cambio, el amor nos permite trascender, al igual que alcanzar un estado de plena consciencia desde el cual podemos soñar y tomar decisiones que nos lleven a alcanzar objetivos.

Las funciones ejecutivas del cerebro, que ya hemos mencionado antes, son importantes porque son el conjunto de habilidades y procesos que nos ayudarán a alcanzar ese estado que nos permita llegar a la trascendencia, así es que aquí sería bueno decir cuáles son y explicar un poco sobre cada una de ellas:

#1 Razonamiento: Es la facultad que nos permite solucionar problemas, sacar conclusiones y aprender de manera consciente, al establecer conexiones causales y lógicas con los sucesos.

#2 Planificación: Es el proceso de tomar decisiones con el fin de alcanzar un futuro deseado, tomando en consideración la situación actual y los factores internos y externos que podrían influir para alcanzar los objetivos.

#3 Fijación de metas: Es una habilidad que se relaciona a la motivación y nos permite decidir cómo invertir nuestra energía y hacia dónde dirigir nuestra conducta.

#4 Toma de decisiones: Es la habilidad que nos posibilita discernir qué opción elegir entre todas aquellas que se nos puedan presentar.

#5 Inicio y finalización de tareas: Empezar una tarea en un momento determinado es un proceso cognitivo importante, lo mismo sucede con la capacidad de decidir cuándo debe concluirse una acción.

#6 Organización: Es la capacidad de unificar y organizar la información de manera eficiente, conveniente y provechosa.

#7 Inhibición: Es la habilidad que nos permite gobernar nuestros actos controlando nuestra conducta. Hace que tengamos la capacidad de frenar ciertos impulsos, detener alguna acción y evitar que cierta información interfiera o altere nuestra conducta.

#8 Monitorización: Es la habilidad de mantener la atención sobre una tarea y regular qué y cómo estamos haciendo lo que estamos haciendo.

#9 Memoria de trabajo verbal y no verbal: Es la capacidad de almacenar información para poder ser utilizada en un futuro tanto a nivel verbal como no verbal.

#10 Anticipación: Es la capacidad que faculta prever de antemano los resultados de una acción y/o sus consecuencias.

#11 Flexibilidad: Es la competencia que nos permite cambiar o adaptar nuestra manera de actuar o pensar ante probables cambios en el entorno. También nos permite modificar acciones en curso.

Tenemos el caso del Dr. Carlos E. Climent, quien ya en su octava década de vida y gracias al libro *Golf and the Spirit* del psiquiatra norteamericano M. Scott Peck, decidió incursionar en el mundo del golf. Al respecto de su experiencia con el golf, el Dr. Climent afirma que no deja de ser un proceso de aprendizaje difícil pues es un deporte que cuenta con unas 30 mil variables... ¿se imaginan la cantidad de nuevas conexiones neuronales que esto implica?, la capacidad del aprendizaje se tiene que potenciar de una manera increíble... y eso pasados los ochenta años... ¡imagínate las maravillas que pueden obrar en el cerebro de un niño o adolescente!

Por otro lado y siempre según la experiencia del Dr. Climent, el golf potencia también:

- La intuición, directamente relacionada a las decisiones que se deben tomar a lo largo de la vida
- El entrenamiento constante y tenaz, que es como se debe afrontar y enfrentar la vida
- La tolerancia ante la frustración, indispensable para no rendirse ante los reveses de la vida y más bien aprender de ellos... tener resiliencia
- El control de la ira, del miedo, el optimismo o pesimismo desmesurados, la competencia

compulsiva, la auto recriminación, etc., porque el golf ayuda a ejercitar y conseguir mantener la mente en silencio y en paz

- El liderazgo a través de la modestia, la seguridad y la autoconfianza; cualidades totalmente opuestas al exhibicionismo
- La humildad, pues el deseo de ganar, se basa en la superación personal y no en el hecho de la derrota del contrincante en el juego
- Las cualidades que previenen los errores (flexibilidad, disciplina, moderación, etc.) y no las que los provocan (terquedad, ambición, ira, etc.)

El Dr. Climent termina su artículo con la siguiente cita: «Un experimentado golfista me corregía hace poco que, a todos los niveles, pero en especial respecto a la ética, el desempeño en el campo de golf no es que tenga similitudes con la vida: es ¡exactamente igual a la vida! Por eso, si quiere conocer de verdad a una persona, invítela a jugar y sabrá a qué atenerse».[2]

Y ahora, si pasamos del golf para los adultos al golf para los niños, veremos las grandes cualidades y valores que este deporte les permite desarrollar y que los prepara ventajosamente para conseguir sus objetivos a lo largo de la vida, una vida que sin duda será provechosa para ellos mismos y para quienes los rodean debido a la calidad y cantidad de cualidades y beneficios que el golf les aporta, tales como:

- Favorece el contacto con la naturaleza
- Combate el sedentarismo
- Relaja el cuerpo y la mente

- Mejora la flexibilidad, estabilidad y la coordinación motora
- Mejora la concentración y el desarrollo mental ya que cada golpe requiere de plena atención y enfoque
- Aumenta la autoestima porque es un deporte en el que los avances son visibles
- Estimula el deseo de superación
- Desarrolla la paciencia y aumenta la tolerancia a la frustración
- Favorece la toma de decisiones con cada golpe pues cada uno de ellos es una decisión y las consecuencias deben ser asumidas
- Promueve el compañerismo
- Contribuye al desarrollo y crecimiento emocional
- Aporta valores como el juego limpio, la deportividad, el respeto a las normas y la disciplina
- Democratiza el juego en equipo ya que pueden participar o competir jugadores de diferentes niveles y habilidades en igualdad de condiciones
- Estrecha los lazos familiares

Entonces, si ya hemos dicho antes que el golf es igual a la vida misma, ahora podemos decir también que además, sería una magnífica escuela, porque es un deporte que se puede disfrutar con todo el mundo, desde la familia, amigos y desconocidos… que seguramente, llegarán a formar parte de ese grupo de grandes amigos, además, el golf enseña a mejorar como ser humano, respetando y honrando el juego.

Para decir que el golf sería una magnífica escuela, hay que visualizar con mente abierta que todos quienes practican este deporte también aprenden y comparten los valores que el golf enseña… y es una lista muy larga:

- Seríamos mejores personas porque la vida se ve y vive con sencillez
- Sabríamos saludar y respetar
- Seríamos pacientes
- Sabríamos cumplir normas, seguir reglas de cortesía y etiqueta
- Seríamos puntuales y disciplinados
- Sabríamos seguir un orden, mantenernos quietos y en silencio cuando fuese necesario
- Seríamos justos, correctos y honrados con todos, incluidos nosotros mismos
- Sabríamos mantener la calma y el temple
- Seríamos respetuosos, comprometidos, perseverantes y cooperadores
- Sabríamos asumir responsabilidades y afrontar cualquier situación
- Seríamos capaces de asumir las consecuencias de nuestras propias decisiones
- Sabríamos desenvolvernos en un entorno adverso y bajo presión
- Seríamos valientes, no necesitaríamos buscar culpables para nuestras incapacidades o malas decisiones
- Sabríamos vivir aquí y ahora, sin atormentarnos por el pasado o aterrarnos por el futuro porque los golpes se dan uno a la vez

Todo lo anterior está poderosamente conectado con la gestión emocional, como se explica desde las neurociencias, es decir, una persona que aprende no solo la teoría y la práctica del golf sino que adicional a estos dos elementos actúa con intencionalidad reflexiva, logra conectar la inteligencia teórica y práctica, con la inteligencia de autogestionar las emociones y comportamientos, en especial cuando estos pueden estar afectando negativamente y transformarlos en acciones positivas de crecimiento personal y social.

Por eso, más allá de que el golf es para todos, es un deporte maravilloso que ayuda a sanar y madurar el alma.

Pues sí, el golf es una escuela que te ayuda a vivir la mejor vida posible... y pues sí, también es verdad que gran parte de nuestras vidas nos la pasamos trabajando... entonces, ¿qué tiene que ver el golf con el trabajo?

> La historia de mi padre, es la de una persona de 69 años, con hemiplegia, quien se animó a aprender a jugar al golf para fortalecer su salud física y mental y para interactuar con varios de sus nietos que practican el deporte. Hoy con un solo brazo es capaz de tirar con madera, hierros y por supuesto putters. De igual manera dialoga con sus nietos desde temas del golf, tan así que Agustín, su nieto de 9 años, le diseñó a su abuelo en una hoja de papel, una cancha de golf con los nombres de los obstáculos, algunas reglas del juego y conceptos como: fuera de límite, green, bunker, dropear, rough, fairway, aproach, términos en inglés, para que su abuelo no los olvide.
>
> Mi padre se emociona hasta las lágrimas cuando recuerda que gracias al golf pudo compartir una actividad con sus nietos. Mi padre afirma que Nunca imaginó que iba a largar el bastón y compartir un día de juego con sus nietos.
>
> — TESTIMONIO DE A.D. (FAMILIAR

DE UN JUGADOR DE GOLF EN
CONDICIÓN DE DISCAPACIDAD)

" El rol del instructor es central porque debe intentar motivar a los estudiantes para que descubran principios por sí mismos. Por eso instructor y estudiante deben conectarse en un diálogo activo para el descubrimiento.

En el aprendizaje por descubrimiento, el maestro organiza la clase de manera que los estudiantes aprendan a través de una participación activa. En el descubrimiento guiado, se les presenta a los estudiantes preguntas intrigantes, situaciones ambiguas o problemas interesantes. En lugar de explicar cómo resolver el problema, el maestro proporciona los materiales apropiados, alienta a los estudiantes para que hagan observaciones, elaboren hipótesis y comprueben los resultados.

— TESTIMONIO DE P.R.
(INSTRUCTOR DE GOLF)

" Yo pesaba que no servía para este deporte, sin embargo, Jorge se ha ocupado de enseñarnos que cada uno es un ser único e irrepetible y que aprendemos de diferentes formas; nos planteó que el cerebro es un músculo que se puede entrenar y que la práctica hace al maestro, el papel fundamental de las emociones y que los obstáculos nos los ponemos nosotros mismos.

Los obstáculos que nos encontramos en el campo de golf los encontramos en la vida misma.

— TESTIMONIO DE J. P.
(EMPRESARIA QUE APRENDIÓ EL
GOLF EN LA ADULTEZ)

EJERCICIOS DE CONCENTRACIÓN MENTAL:

#1 Ejercicios para la atención: Se comunica de manera oral una secuencia de números y la persona tiene que recordarlos en el mismo orden y en orden inverso. La longitud de la secuencia irá aumentando progresivamente. (Propósito. Fortalecer la concentración para aprender a asimilar información importante)

#2 Ejercicios para la percepción: Se presenta una imagen modelo junto con otras que representan el mismo objeto, pero varían mínimamente en el tamaño. La persona debe percibir la que corresponde exactamente con el modelo. (Propósito aprender a reconocer y diferenciar accesorios del golf)

#3 Ejercicios para la comprensión: Se dan al sujeto una serie de órdenes que tiene que ejecutar. Se comprueba si la acción corresponde con la orden emitida. (Propósito: Aprender normas, reglas y conductas para el aprendizaje y ejecución del golf).

ACTIVIDADES DERIVADAS DEL CAPÍTULO:

1. ¿Con cuál o cuales inteligencias te identificas y por qué?
2. Elige una imagen (fotografía) que explique una de las cualidades o beneficios del golf. (Si estás en grupo compártela y explícala a un compañero)
3. Elabora una sopa de letras con 15 valores que te otorga la práctica del golf.

3

EL GOLF Y EL TRABAJO

> ❝ La carretera hacia el éxito siempre está en construcción.
>
> — ARNOLD PALMER

EN EL CAPÍTULO ANTERIOR YA HEMOS DETALLADO LOS grandes beneficios físicos, emocionales y psicológicos que el golf aporta a quienes practican este deporte y todos, absolutamente todos estos beneficios van a redundar en la actividad más importante y que mayor tiempo nos ocupa a todos los seres humanos... ¡el trabajo de cada día! Y cuando hablo de trabajo, no solo me refiero a la actividad que realizamos a nivel profesional para generar un ingreso económico que nos permite cubrir nuestras necesidades básicas y alcanzar nuestras metas de autorrealización, me refiero también a las tareas de casa y las actividades que podemos realizar en nuestra sociedad como parte de ella.

Sin embargo, si nos centramos en el concepto clásico del trabajo como esa actividad que realizamos con el fin de desarrollar nuestras habilidades y obtener un beneficio económico a cambio, tenemos que reconocer que ese trabajo tradicional que todos conocemos está cambiando drásticamente como consecuencia, principalmente, del veloz y cambiante avance tecnológico de los últimos años.

Efectivamente, en un futuro cercano, gran parte de los trabajos que conocemos hoy habrán desaparecido debido a la incursión de la inteligencia artificial, el internet de las cosas o el *big data*.

Los nuevos líderes tendrán una gran capacidad, sobre todo, de adaptación al cambio, pero también serán personas con empatía, intuición, innovación, creatividad y razonamiento, todas estas son cualidades que se impulsan, fomentan y desarrollan. Es aquí donde podemos contar con el *coaching* por la gran posibilidad que tiene de jugar roles importantes para alcanzar todos estos objetivos en clave de preguntas poderosas para la toma de decisiones positivas.

Según el informe «El futuro de los trabajos 2018», publicado por el Foro Económico Mundial, a partir de los actuales adelantos tecnológicos, más de la mitad de la actual fuerza laboral se verá en la necesidad de mejorar sus habilidades para poder tener acceso a los nuevos empleos de calidad, pues no solo se necesitará de habilidades tecnológicas, sino que también se necesitará toda una serie de competencias y habilidades blandas, tremendamente necesarias para ser líderes exponenciales y, nuevamente, tenemos aquí que al *coaching* como el gran impulsor para el fomento de estas habilidades, puesto que acompaña a las personas hacia el reconocimiento y conquista de sus potencialidades a partir del entendimiento de los cambios en el ecosistema y en uno mismo.

Los nuevos trabajadores y profesionales pueden estar en cualquier posición jerárquica ya que se caracterizan por ser flexibles e innovadores, condiciones necesarias y adecuadas que serán muy demandadas para trabajar en los nuevos tiempos donde se necesitarán destrezas especiales para la adopción de nuevas tecnologías, la optimización del desempeño y los resultados esperados, así como una gran capacidad de adaptación a los cambios... estos serán los líderes de este nuevo entorno denominado como VUCA[1] (volátil, incierto, complejo y ambiguo), que además, necesitarán tener la habilidad de co-crear en un entorno virtual con equipos multiculturales dispersos.

Estos perfiles, requieren de algunas habilidades muy bien definidas:

- Capacidad de adaptación a diferentes contextos y entornos.
- Capacidad creativa, inventiva y de innovación para producir ideas
- Capacidad de colaborar y motivar
- Alfabetización digital y comprensión de cómo y por qué funcionan las tecnologías digitales
- Capacidad de aprendizaje
- Capacidad para resolver problemas desconocidos en diferentes contextos
- Consciencia del valor del acceso abierto a la información
- Capacidad permanente de experimentación y aprendizaje formal e informal
- Capacidad para utilizar herramientas para resolver diferentes problemas
- Competencia para crear redes de conocimiento horizontales

- Ausencia de temor al fracaso En realidad, las personas nacidas antes de 1981 son quienes tendrán que esforzarse especialmente para para adaptarse e interiorizar este nuevo entorno, fondo y forma de trabajo, pues parece que quienes son posteriores a 1980 —los millennials— tienen todas, o gran parte de estas cualidades, inherentes en ellos.

En nuestra sociedad, donde la competencia y la competitividad son realmente «salvajes», y donde, como ya se dijo, las nuevas tecnologías están cambiando rápida y drásticamente el mercado, la necesidad y capacidad de creatividad, intuición, flexibilidad, adaptabilidad, paciencia, tolerancia, etc., son cualidades absolutamente necesarias para poder mantenernos en el mercado y alcanzar nuestros objetivos, que pueden ser totalmente diversos y todos válidos.

Todas las cualidades mencionadas, además de otras como la autoestima, la capacidad de concentración y de crear estrategias, el control de las emociones, la constancia, la disciplina, entre otras, son cualidades que se desarrollan y fortalecen con la práctica del golf.

Bueno, yo creo que está bastante claro cómo estas cualidades van a afectar positivamente nuestra vida diaria en casa, en el trabajo y en la sociedad, ¿verdad?, porque si sumamos todos los beneficios que nos aporta el golf, podemos deducir que la resiliencia y todo lo que ella nos aporta resume la práctica del golf como un deporte que beneficia absolutamente todos los aspectos de nuestra vida y de nuestro día a día… pero, ¿y si queremos ir un poco más allá? Si nuestro deseo es convertirnos en líderes de nuestras empresas y nuestras vidas, donde la capacidad de negociación es básica e indispensable para alcanzar nuestros objetivos… ¿el golf nos puede ayudar?

Creo que la mejor manera de responder es contarles mi propia experiencia:

La belleza de una ronda de golf con clientes y prospectos, es que son cinco horas de venta suave de quién eres tú, tu empresa, lo que sabes y lo que eres. Cada golfista dedica solo unos pocos minutos a golpear la pelota, el tiempo restante lo dedicamos a hablar y conocer nuestros antecedentes, personalidades y caracteres en un ambiente relajado, en un entorno natural que invita a la naturalidad y sinceridad. De igual manera es un momento propicio para iniciar o motivar una sesión de coaching.

Igualmente, en un juego de dos personas (twosome), no solo se puedes concretar un maravilloso negocio, mientras se va ejecutando el juego, sino que también puedes llegar a realizar una poderosa sesión de coaching y como parte de esta experiencia propia, he logrado con elementos del coaching motivar a iniciarse en el golf o mejorar su juego.

En el campo de juego se conoce quién es quién, esto es, la persona en todas sus dimensiones tanto positivas y negativas y es allí donde demuestras si eres de confiar o no, si obtendrá el empleo, el negocio o el ascenso. Esto realza otro de las aristas importantes de las relaciones del golf con el mundo de los negocios.

El golf también brinda mejores oportunidades para construir y profundizar las relaciones comerciales; un buen jugador de golf practica en la vida lo que practica en el campo: se emociona cuando su cliente hace un buen tiro y su juego es perfecto, no se enfada ni pierde el control cuando el suyo no es el mejor ni mucho menos el esperado.

Y aquí una regla de oro… quiero repetir que un buen jugador de golf practica en la vida lo que practica en el campo... **el golf nunca miente, como vives juegas y como juegas vives**... por eso es que puedes depositar tu confianza en quienes sean *fair players*, y como esta regla vale también para ti, resulta que las relaciones comerciales establecidas en los campos de golf suelen ser exitosas, duraderas y muy satisfactorias a nivel comercial y personal.

Cuando hablo con los equipos de ventas acerca de jugar golf de negocios, enfatizo la importancia de jugar con la etiqueta adecuada y cumpliendo las reglas del golf; durante las cinco horas que dura el juego, tienen la oportunidad de demostrar su calidad humana y profesional que concluirá, sin duda, en una relación comercial sólida... o, demostrarán que están ahí solo con la intención de lograr algún negocio sin mayor interés ni respeto... ¡créanme!... ¡no funciona!, lo único que lograrás es sabotear tus relaciones comerciales en lugar de solidificarlas e inclusive puedes llegar a ser considerado un jugador tóxico... aquí, mi consejo sincero es que estudies, aprendas y te guíes de los fundamentos del golf para que llegues a ser un ser humano de éxito, seas feliz en la vida y disfrutes con libertad de los beneficios que te traerá el golf sintiéndote merecedor de ellos.

Quiero terminar este capítulo haciendo un corto resumen con la intención aclarar y validar que el golf es una gran herramienta para motivar a los equipos de trabajo porque, aunque es un deporte que se practica básicamente de forma individual, tiene algunas características que lo transforman en el deporte apropiado para fortalecer los lazos entre los miembros de un equipo de trabajo:

- El golf ayuda a crear líderes y a reforzar la figura e imagen de la persona que tiene la capacidad de guiar a los compañeros, ya que la práctica de este deporte ayuda a propiciar iniciativas, tomar decisiones y diseñar estrategias.

- En el golf, absolutamente todos los participantes juegan un papel importante, esto se aplica también al caddie, que es la persona encargada de llevar los palos y sin cuya participación, el juego y el resultado no serían los mismos. Esta filosofía, aplicada a los equipos de trabajo, nos hace ver que cada uno de los integrantes cumple una función fundamental e importante para que se alcancen los objetivos definidos. Esta filosofía de juego permite que en un partido participen jugadores de todos los niveles permitiendo y favoreciendo que todos se sientan valiosos y disfruten del juego por igual.

Estas características del golf posibilitan reforzar los lazos entre los miembros de un equipo de trabajo, establece y mantiene el espíritu de equipo. Cada partido de golf tiene un objetivo y todos van a participar para conseguirlo.

Ahora que hemos visto que el golf es un deporte inclusivo, que demuestra que el juego individual es solo parte del trabajo en equipo, donde cada uno de los participantes tiene un papel único e indispensable, en los siguientes capítulos desarrollaremos las capacidades individuales, en el plano profesional, que aporta el golf y gracias a las cuales podrás ubicarte con facilidad y seguridad en el puesto que más te guste y te sirva de base para desarrollar tus capacidades y dones en tu vida.

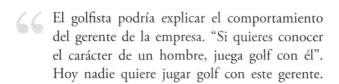

El golfista podría explicar el comportamiento del gerente de la empresa. "Si quieres conocer el carácter de un hombre, juega golf con él". Hoy nadie quiere jugar golf con este gerente.

De acuerdo con testimonios de 'caddies' y compañeros de golf, este gerente es un mal perdedor, mentiroso, presuntuoso y muy tramposo. Además, no reconoce una derrota ni es amable con los rivales que le ganan.

Sin duda es un deporte que lo apasiona, pues no necesita de trabajo en equipo, es administrador del lugar donde juega y el marcador final depende de su conciencia.

Sus 'caddies' siempre tienen bolas de golf en los bolsillos para ubicar la pelota de su jefe en mejores lugares, levanta la bola a cuatro pies del hoyo para evitar fallar el golpe, miente acerca de su hándicap (supuestamente 3,6) y no permite que árboles o lagos se interpongan en su juego; si su bola cae allí, él lo considerará injusto y jugará nuevamente. Una pequeña trampa en golf o un uso inapropiado de las normas para beneficio propio.

— TESTIMONIO A R (DUEÑO DE UNA EMPRESA)

La práctica del golf tiene además un importante componente de socialización: es un deporte donde se compite más contra uno mismo que ante otros rivales, lo que promueve que durante varias horas fluya la conversación. De hecho, muchos negocios suelen cerrarse en los greens, donde cada parte observa la honorabilidad, honestidad y paciencia en el juego.

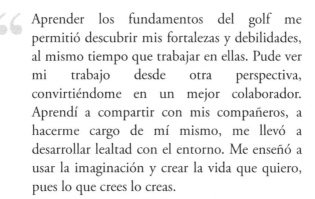

— TESTIMONIO DE D.V. (CEO JUGADORA DE GOLF)

Aprender los fundamentos del golf me permitió descubrir mis fortalezas y debilidades, al mismo tiempo que trabajar en ellas. Pude ver mi trabajo desde otra perspectiva, convirtiéndome en un mejor colaborador. Aprendí a compartir con mis compañeros, a hacerme cargo de mí mismo, me llevó a desarrollar lealtad con el entorno. Me enseñó a usar la imaginación y crear la vida que quiero, pues lo que crees lo creas.

Cada golpe es una decisión y el golf está lleno de ellas las cuales también aplicamos a nuestro trabajo basado en estrategias.

— TESTIMONIO DE R. T. (SUPERVISOR DE UNA EMPRESA, JUGADOR DE GOLF)

EJERCICIOS DE CONCENTRACIÓN MENTAL:

31 Ejercicios para la velocidad de procesamiento: Se instruye a la persona para que lo más rápido que pueda y cometiendo el menor número de errores posibles señale cuáles de los símbolos son iguales al modelo presentado previamente. (Propósito: aprender a elegir la mejor jugada en cada tiro)

#2 Ejercicios para la orientación: Se sitúa a la persona en un lugar desconocido y se le facilita un mapa del lugar. Debe realizar un recorrido guiándose únicamente haciendo uso del mapa. (Propósito: conocer el campo de golf y a los contrincantes desde antes de iniciar el juego.)

#3 Ejercicios para el cálculo: La persona debe restar de 7 en 7 desde el número 300. Debe hacerlo mentalmente y procurando cometer el menor número de errores en el menor tiempo posible. (Propósito: fortalecer la concentración durante el juego).

ACTIVIDADES DERIVADAS DEL CAPÍTULO:

1. Analiza por qué el mejor momento para iniciar, el dialogo asertivo o la negociación efectiva o la gestión requerida durante un juego de golf es sobre el cuarto o quinto hoyo. (palabras clave: Sensibilizar, gestionar, tiempo oportuno -Timing)
2. Analiza la expresión "el golf nunca miente, como vives juegas y como juegas vives", particularmente relacionado con el mundo de los negocios.
3. ¿Estás preparado para el entorno VUCA? ¿Sí? ¿No? ¿Por qué?

4

LÍDERES A TRAVÉS DEL GOLF

" Practicar y perfeccionar el arte del liderazgo presenta grandes similitudes con el desafío de perfeccionar nuestro juego en el campo de golf.

— RAFAEL MARATEA

ANTES DE HABLAR SOBRE LOS LÍDERES, DEBEMOS TENER claro lo qué es el liderazgo, lo vamos a definir como las habilidades para dirigir y gerenciar con las que cuenta una persona, gracias a las cuales puede influir sobre la forma de ser o sobre cómo actúa una persona o un equipo de trabajo, logrando que de manera efectiva y proactiva se alcancen las metas y objetivos trazados.

En un equipo efectivo dirigido por un líder no hay una escala de poderes, más bien, todos sus miembros contribuyen de distintas formas al éxito del equipo, aunque, generalmente, el líder tendrá la responsabilidad final gracias a que posee ciertas cualidades como actitudes, aptitudes y habilidades que le permiten tomar la iniciativa, delegar, promover, gestionar y motivar para llevar a feliz término cualquier proyecto de forma eficiente y eficaz.

Hay que remarcar que un líder nunca impone sus ideas, puesto que una de sus cualidades evidentes es el trabajo en equipo y finalmente decanta lo mejor de lo que se construye en grupo.

Como hemos visto en el capítulo anterior, las características de la nueva fuerza de trabajo están cambiando y de esa misma manera, se necesitan nuevas formas de liderazgo que vayan de la mano con las cualidades de los trabajadores según las nuevas normas, entornos y tendencias, es así como nace el neuroliderazgo; quienes ejercen este tipo de liderazgo son líderes que aprenden de la psicología y de la neurociencia, practican la resiliencia y el desarrollo del control emocional, aspectos y cualidades que también se pueden adquirir, desarrollar y potencializar con la práctica constante del golf.

Actualmente estamos viviendo épocas de total zozobra e incertidumbre. 2020, año en el que estoy escribiendo este libro, es un año que demuestra claramente que estamos viviendo en un mundo falto de líderes en absolutamente todas las áreas que nos podamos imaginar… este es el año perfecto para poder plantear y asumir cambios… a veces no tenemos más alternativa, pero otras veces, puede ser la alternativa… y para ello necesitamos desarrollar nuestras capacidades de liderazgo y aplicarlas al área que nos llame, nos busque y nos agrade… podemos liderar nuestras vidas, nuestro grupo, nuestra comunidad y más allá hasta de donde lo deseemos y nos sintamos cómodos.

Porque, aunque no lo creas, con solo liderar tu vida, ya estás contribuyendo a cambiar la sociedad y el mundo… ¿aprendemos cómo?… ¡veamos!

Rafael Maratea escribió recientemente su libro *Liderar con Swing. Descubra el arte de liderar a través del golf,* una publicación que plantea una analogía entre las capacidades, aptitudes y condiciones de un líder y el golf, un juego solitario pero que engloba muchas condiciones necesarias para llevar adelante un buen liderazgo, como lo son el compromiso, confianza, concentración, foco, abstracción, pasión, ansiedad, frustración, objetivo, fuerza, soledad, equilibrio y también talento, entre otras muchas cualidades.[1]

En ese mismo libro, Maratea también nos dice:

> Jugar no es una pérdida de tiempo. Por el contrario, se comprende mejor cómo funcionan las cosas observando inquietudes, dudas, miedos y aquellas necesidades y deseos que no se pueden expresar en palabras, pero sí a través de lo lúdico y el deporte. De hecho, uno puede ver en un campo de golf muchas de esas actitudes escondidas o no conocidas que están arraigadas en nuestro ser…

Y continúa diciendo:

> Es un juego de sensaciones que enseña sobre estrategia, concentración, visualización y posicionamiento de objetivos. A un líder le sirve jugar al golf porque todos los conceptos que se necesitan en el campo de juego se pueden trasladar perfectamente al liderazgo.

Efectivamente, yo mismo he podido comprobar que el golf es un gran maestro del liderazgo porque:

· · ·

#1 ENSEÑA HUMILDAD.

Los jugadores necesitan y buscan el apoyo de los expertos para mejorar su calidad de juego; saben que siempre pueden mejorar y la única manera de lograrlo es continuar aprendiendo y practicando, anteponiendo la humildad a la soberbia asumiendo con tranquilidad las correcciones o sugerencias que nos realizan. Aceptando que por más que se avance en la técnica y práctica siempre somos susceptibles de mejorar.

#2 ENSEÑA LIDERAZGO.

Un jugador de golf y un líder nunca dejan de aprender manteniendo el ritmo, elemento básico para generar acción en el juego y en el liderazgo, además, dentro de un ambiente propicio basado en comunicación, sana convivencia, objetivos. Así como en el golf el ritmo es una pieza fundamental del juego, en el liderazgo el ritmo es la clave vital para que la acción se genere, se cree un espacio de sana convivencia y se logren objetivos desafiantes en un ambiente de camaradería, comunicación y comprensión propio de los equipos. Tanto en el golf como en el liderazgo el día a día se considera como maravillosos momentos para aprender, crecer, conocer, aplicar.

#3 ES COMPETITIVO.

Es un campo muy favorable para codearse con clientes, conectar con colegas o hacer vínculos favorables. Las relaciones de trabajo se consolidan en el campo. Es en el juego donde se toman las decisiones que permiten vincularse con jefes y líderes de otras empresas. La práctica beneficia habilidades sociales necesarias para relacionarse y comunicarse de manera adecuada y asertiva con los demás.

Ambos promueven el juego limpio y el reconocimiento del otro, entendido como la sana competencia y el respeto propio y hacia los demás.

#4 ES EMOCIONANTE.

Favorece las relaciones afectivas, efectivas y de negocios entre las personas. Es el balance en la vida del líder y sus colaboradores, logra que cada uno se comprometa a realizar la tarea, sabiendo que eso repercutirá en su vida particular. El líder debe encontrar equilibrio en sus emociones y en sus acciones.

#5 RELAJA Y DESESTRESA.

Brinda la oportunidad de disfrutar de una actividad al aire libre, estar en contacto con la naturaleza, con todos los beneficios que ello conlleva. Asimismo, favorece la generación de endorfinas que proporciona una sensación de bienestar y mejora notablemente la concentración. A su vez un líder auténtico es un ser que se caracteriza por su seguridad y tranquilidad.

#6 PROMUEVE EL COMPROMISO Y LA CONFIANZA.

El jugador está comprometido con su juego y sabe que depende exclusivamente de él mejorar y alcanzar la excelencia. Todos los jugadores de golf se enfrentan con sus temores, es parte del juego. Cuanto más se juega y más se practica, el temor disminuye porque crece la confianza. Así como los grandes golfistas ganan confianza a través de su entrenamiento, el líder crece en confianza a través de sus acciones y decisiones.

Tim Gallwey, a quien muchos consideran el padre del *coaching* moderno, es autor de una serie de libros en los cuales establece un nuevo método para el entrenamiento y el desarrollo de la excelencia personal y profesional en toda una variedad de campos que él llama *The Inner Game*. Según esta teoría suya, el *coaching* deportivo es hoy por hoy la mejor herramienta para el desarrollo de nuestro juego interior pues nos ayuda a conocer, reconocer, aceptar y cambiar nuestros hábitos, a tomar consciencia de nuestras creencias y pensamientos limitantes, a conocer y reconocer nuestras emociones y sentimientos que tanto nos afectan y manejarlos en nuestro beneficio. El *coaching* nos ayuda a evitar que nuestros niveles de concentración bajen entre hoyo y hoyo, porque es cuando se producen nuestros diálogos internos más profundos. Con el *coaching* aprendemos que desarrollando nuestro **SER** mejoramos nuestro **HACER**, obteniendo, claramente, resultados distintos.

Gracias a planteamientos como los de Tim Gallwey y a los valores que se reafirman o se adquieren con el golf, temática central de este libro, hoy contamos con personas que han desarrollado sus cualidades de líderes hasta convertirse en líderes-*coach*. Los líderes-*coach* son personas que van un paso más allá del liderazgo como tal e incorporan herramientas de *coaching*, gracias a ello posibilitan que sucedan cosas distintas y que mejore el funcionamiento de su equipo… además, podemos afirmar que el líder-*coach* baja del pedestal de la jerarquía para estar al servicio de su equipo dando pie a lo que es el liderazgo servicial.

Un líder-*coach* siempre será un líder servicial, una persona que ha desarrollado cualidades que le permiten estar siempre atentos y a disposición de quienes están deseosos de mejorar todas sus aptitudes y capacidades en busca de su evolución y felicidad… y en realidad, ¿no estamos todos en ese camino?... ¡pues sí!... en algún momento, todos necesitamos de un *coach*.

Y así como en la actualidad podemos encontrar un líder servicial, también podemos encontrar ese *coach* servicial que te guía y acompaña desde la confianza que nace en el amor… ¡y no! no son palabras, porque solo gracias a ese compromiso te motivará y guiará hacia un propósito significativo y hará que tus acciones se alineen con tus objetivos, hasta que tus huellas precedan el camino de otros.

Como ves, el golf te lleva a desarrollar todas las cualidades que necesitas para convertirte en un líder… y liderarse a sí mismo, tal vez sea el primer y más duro paso para convertirnos en líderes de grupos sociales o empresariales… así es que pasemos a nuestro siguiente capítulo: el autoliderazgo.

 El primer paso para convertirse en un líder es hacerse cargo de sí mismo y alinear los valores personales para lograr lo que quieres alcanzar y para ello, no existe mejor actividad que el golf.

Tanto el golfista como el líder centran toda su atención y destinan sus esfuerzos al servicio del objetivo. El golf ayuda al líder a fortalecer sus habilidades de liderazgo. En el campo de golf estamos constantemente tomando decisiones, gestionando emociones y situaciones (adversas y favorables), tenemos que estar agiles y creativos para evitar entrar en los obstáculos o una vez dentro de ellos salir lo menos afectado posible en la búsqueda de la meta.

— TESTIMONIO DE G.H. (GERENTE Y JUGADOR DE GOLF)

"Aprendimos que el liderazgo brota de adentro, se construye en el fondo del alma y aflora justamente en el servicio a los demás. Implica la capacidad de escuchar, porque no nos las sabemos todas. Implica la capacidad de aprender de los demás y por lo tanto la capacidad de sumar las fortalezas y amortiguar las debilidades de todos para construir un gran equipo.

Hemos descubierto que el poder de cambiar las realidades no reside en nuestras quejas, sino que comienza dentro de nosotros, con nuestros entornos.

— TESTIMONIO DE J.A.
(EMPRESARIA JUGADORA DE GOLF)

"El aporte que yo veo del golf para el liderazgo es tan importante como necesario. A través de interiorizar los fundamentos, podrá explotar sus talentos y transformarse en el guía que su gente espera que sea. Sabemos que no todos pueden ser líderes, sin embargo, los fundamentos le dan el aprendizaje para poder entender el liderazgo y permitirle ser liderado por otros.

También vemos la necesidad de tener un coach que nos acompañe en nuestro andar ya que servirá como un espejo donde podamos rebotar nuestras ideas.

— TESTIMONIO DE S. G. (PADRE DE
FAMILIA CUYO HIJO JUEGA GOLF)

EJERCICIOS DE CONCENTRACIÓN MENTAL:

#1 EJERCICIOS PARA EL CONTROL EJECUTIVO: Se le proporciona a la persona una secuencia de acciones ya sea de manera visual mediante viñetas o de manera verbal a través de instrucciones escritas. La persona debe leerlas detenidamente y ordenarlas creando una secuencia de acciones adecuada. (Propósito: aprender a delegar roles y funciones en los grupos)

#2 EJERCICIOS PARA EL RAZONAMIENTO: Se presenta un grupo de palabras y la persona debe señalar cuál es la que no está relacionada con las demás. (Propósito: aprender a genera equipos de trabajo)

#3 EJERCICIOS PARA EL LENGUAJE: Se facilita una palabra compuesta por unas letras determinadas. La persona tendrá que generar nuevas palabras combinando las letras de la palabra inicial. (Propósito: aprender proponer alternativas cuando se presentan dificultades en el grupo de trabajo).

ACTIVIDADES DERIVADAS DEL CAPÍTULO:

1. Elige el nombre de un o una golfista que consideres tiene cualidades de líder. Explica brevemente tu respuesta.
2. Amplia una de las seis relaciones entre el golf y liderazgo a partir de un ejemplo que se pueda aplicar con la práctica del golf.

3. ¿Por qué un líder-coach contribuye a la construcción de la excelencia personal?

5

AUTOLIDERAZGO (SER)

 Cuanto más entreno, más suerte tengo.

— GARY PLAYER

PARA EMPEZAR CON UNA DEFINICIÓN SENCILLA Y CLARA, vamos a decir que autoliderarse es ser capaz de ir por la vida siguiendo la línea que para mí es importante y me aporta los valores que necesito para ser feliz y hacer feliz a mi entorno siendo un ejemplo a seguir, solo puedo ser un ejemplo a seguir si soy un modelo coherente y congruente... cuando **SOY** aquello que proyecto... sabiendo que de cada enseñanza que imparto aprendo. Se trata de la relación permanente que existe entre el ser y el hacer.

También es la capacidad de discernir con claridad y precisión qué es lo que quiero en mi vida y cómo quiero mi vida... es saber ubicar mis ambientes de triunfo... solo así podré tomar mis decisiones y trazar mi línea de vida acorde a mis objetivos planeados en mi entorno familiar, social laboral, entre otros; podré encarar las consecuencias y convertirme en alguien con total empoderamiento personal y control sobre mi vida. Es decir, cuando la autonomía se pone en función de configurar permanentemente la mejor versión de mí mismo, como ser en constante construcción.

Una persona con autoliderazgo posee una serie de habilidades psicológicas y emocionales que lo acompañan para alcanzar sus objetivos, muy aparte de los recursos con los que cuente o la incertidumbre que lo rodee en el presente o en el futuro; es una persona focalizada, persistente, disciplinada, automotivada, planificadora, organizada y con una gran inteligencia emocional basada en el optimismo y la resiliencia.

Estas dos últimas cualidades que hemos mencionado, el optimismo y la resiliencia, son determinantes en la actitud de un líder que ha partido del autoliderazgo.

En su libro *Optimismo y salud: Lo que la ciencia sabe de los beneficios del pensamiento positivo*, el Dr. Luis Rojas Marcos puntualiza que el optimismo es la vacuna contra la desesperanza, y Susan C. Vaughan, en su libro *La psicología del optimismo: El vaso medio lleno o medio vacío*, dice: «El optimismo es como una profecía que se cumple por sí misma. Las personas optimistas presagian que alcanzarán lo que desean, perseveran, y la gente responde bien a su entusiasmo. Esta actitud les da ventaja en el campo de la salud, del amor, del trabajo y del juego, lo que a su vez revalida su predicción optimista» ... a diferencia de quienes no son optimistas y que piensan que van a fallar y que no desisten hasta que efectivamente fallan.

En cuanto a la resiliencia, se puede definir como la capacidad que tienen los seres humanos de asumir con flexibilidad situaciones límite, sobreponerse a ellas y, además, salir fortalecidos, y lo cierto es que esta capacidad —que potencia la felicidad— la puede tener una persona, una comunidad, una organización o un sistema natural. La resiliencia nos permite prepararnos para las disrupciones, recuperarnos de los shocks, del estrés, nos ayuda a adaptarnos y a crecer a partir de las circunstancias conflictivas, además de aprender con serenidad desde esas situaciones trágicas y salir fortalecidos de estas.

Retomando nuestro tema sobre el autoliderazgo, debemos detallar que cumple con cinco características conocidas como las **5 "aes" del autoliderazgo**:

#1 Autoconocimiento. Es la habilidad de reconocer e identificar la forma en que las emociones y pensamientos nos afectan y el origen del por qué nos afectan; para ello debemos ser conscientes de nuestros recursos y puntos fuertes, así como de nuestras limitaciones y puntos débiles.

#2 Autoestima. Es cómo se ve y que percepción tiene una persona acerca de sí misma; es cómo se valora y evalúa en cuanto a su propio ser, su forma de existir y sus cualidades, aceptándose con respeto y amabilidad, lo cual le permite potenciarse como persona.

#3 Autonomía. Es la capacidad de establecer prioridades y objetivos para uno mismo y de forma independiente, de tomar decisiones, de asumir las consecuencias de nuestras propias acciones y de formarnos criterios personales.

#4 Autogestión. Es la capacidad de regular nuestras emociones, es tener autoliderazgo emocional y saber dirigir nuestras conductas y recursos hacia una meta propuesta, teniendo la capacidad de analizar y dirigir nuestros actos sin ayuda y reencausarlos si es necesario.

#5 Automotivación. Es tener la capacidad de influir y perseverar en mantener nuestro propio estado de ánimo para alcanzar una meta fijada. Para ello es necesario iniciativa, voluntad, compromiso, optimismo y orientación hacia el alcance de los objetivos.

También es importante resaltar que hay algunas características y cualidades que se necesitan para la consecución de una persona con capacidad de autoliderazgo:

- **Debes conocerte:** analiza tus cualidades, tus puntos fuertes y tus puntos débiles para que tengas una idea de cuáles son tus recursos y cuáles tus limitaciones. Los recursos para empoderarlos y las limitaciones para superarlas.

- **Aprende por ti mismo:** cuando hayas identificado tus puntos débiles y tus limitaciones, debes esforzarte en obtener información para conocer muy bien estos puntos y puedas encontrar los medios y las formas para mejorarlos; también es importante trabajar en reforzar tus cualidades y puntos fuertes.

- **La rueda de la vida:** esta técnica ayuda a analizar el presenta y enfocar el futuro; debes dibujar un círculo y escribir diez áreas que deseas bien cambiar o mejorar, y debes numerarlas asignándole una prioridad, obviamente, con la intención de trabajarlas.

- **Fija objetivos:** Ahora que tienes identificadas tus áreas de trabajo, puedes plantearte objetivos que puedas alcanzar y medir, pero, sobre todo, deben ser específicos y concretos — si es necesario los puedes subdividir— y les debes asignar un corto, mediano o largo plazo en tu plan de acción para la consecución de tus objetivos.

- **Plantea una estrategia:** Acuérdate que para alcanzar tus objetivos debes ser consecuente con los recursos con los que cuentas y las cualidades que te acompañan; debes ser muy sensato en cuanto a tus defectos y virtudes.

- **Programa:** no temas utilizar la cantidad de herramientas que la tecnología ofrece hoy para hacer programas y definir planes, siempre teniendo en cuenta los recursos de tiempo, personal y de materiales; solo así podrás hacer un planteamiento realista.

- **Enfócate:** para evadir cualquier distracción, es mejor centrarse en una sola actividad a la vez

- **Gestiona cambios:** Todo plan o programa debe incluir un plan B para encarar cualquier problema o circunstancia que se pueda dar, pero, si un contratiempo no es controlable, va a ser necesario cambiar la óptica y mantener la actitud aceptando esta nueva situación como una oportunidad.

- **Desarrolla rutinas:** pues te ayudarán organizar y ordenar tus días; la disciplina, la perseverancia y el compromiso son imprescindibles.

- **Automotívate:** es necesario que no pierdas la costumbre de recompensarte por tus logros, lo cual también te ayudará a que mantengas tu buena conducta y de esta manera conseguirás el equilibrio entre la disciplina de tus rutinas desarrolladas y la gratificación.

- **Permítete ser flexible:** debes saber cuándo parar para que tu rendimiento no decaiga. Debes ser amable contigo mismo, no puedes ni debes reprimir tus emociones, debes ser coherente con tus capacidades intelectuales y laborales y tus cualidades humanas.

- **Haz ajustes:** cuando sea necesario, acuérdate que tus planes y programas incluyen flexibilidad para efectuar cambios cuando son requeridos con base a la evaluación y monitorización que se efectúan cada cierto tiempo para controlar que se vá por el camino correcto hacia la consecución de los objetivos.

- **Efectúa una última valoración:** analiza todo el camino que te ha llevado hasta tu objetivo e interioriza todo lo que puedas aprender de cara a futuro.

- **Busca un profesional:** recuerda que siempre puedes recurrir a un profesional para seguir un programa de entrenamiento hacia el autoliderazgo en general o solo en algún componente que sientas que necesitas aprender o reforzar.

Y bien… ¿y el golf?, ¿qué tiene que ver el golf con el autoliderazgo?... ¡veamos!

Pues, la verdad es muy simple, resulta que somos en la vida como somos en el campo de juego. Esto quiere decir que en vista de que el golf es uno de los deportes más completos, coherentes y desafiantes, nos permite ver la vida de una forma concreta, precisa, real y práctica. Gracias al golf podemos saber cómo somos y en base a este conocimiento y los fundamentos del golf, podemos mejorar, rectificar y cambiar desde los puntos de vista físico, mental y emocional.

En el golf y en la vida podemos encontrar algunos puntos en común:

- **Tenacidad:** solo con la práctica tenaz, constante y perseverante se alcanza la perfección… tanto en el golf como en el liderazgo.

- **Seguridad:** es absurdo negar que siempre se siente temor ante algo nuevo, un nuevo tiro o un nuevo proyecto. Únicamente la práctica y la mejora constante substituirán este temor por confianza y seguridad. El temple que se necesita para alcanzar un tiro perfecto está basado en muchas de las cualidades que necesita un buen líder... ¡no olvidemos eso!

- **Concentración:** es la capacidad de abstraerse de todo aquello que rodea y puede significar una distracción innecesaria e incluso fatal, por lo que, tanto en el golf como en el liderazgo, es necesario centrarse y pensar única y exclusivamente en lo que hay que hacer.

- **Equilibrio:** es necesario que haya armonía entre el cuerpo y la mente, el físico y la emoción; no olvidemos que una mente clara es determinante. "Mente sana en cuerpo sano".

Podemos decir entonces, que el golf es un deporte no solo de estrategias, concentración, visualización y posicionamiento sino también de sensaciones porque básicamente, este deporte te desnuda... deja en evidencia lo que tú realmente eres, y si has comprendido, aprendido e interiorizado los valores y fundamentos del golf, los plasmarás en cualquier proyecto que te toque liderar, serás capaz de tomar decisiones correctas, harás las elecciones apropiadas, serás consciente de tus recursos, sabrás mantener e infundir calma... serás capaz de enseñar sin nunca dejar de aprender.

Tenemos que recordar, sentir y saber que el golf es un juego honrado que te descubre ante ti y ante los demás y que pule tu esencia, pule tu **SER**.

 Dentro del aprendizaje de los fundamentos del golf el autoliderazgo me ha ayudado a ser proactivo, disciplinado y ser un tomador de decisiones independiente. Las personas que no tienen un fuerte sentido de esta cualidad tienden a sentir que no tienen el control de sí mismas, a menudo carecen de enfoque y se sienten abrumadas con facilidad.

Al ofrecer una perspectiva a largo plazo de su vida -tanto personal como profesional-, el autoliderazgo otorgará una mentalidad integral y más amplia

— TESTIMONIO DE B.R.
(ESTUDIANTE UNIVERSITARIO QUE APRENDIÓ EL GOLF EN SU JUVENTUD)

Hoy soy una persona más consciente de quien soy, lo que me permite identificar qué puedo llegar a hacer, qué puedo dar al momento de trabajar en equipo y en mis relaciones personales. Aprendí a enfrentar los retos de manera diferente a través de la acción y la solución. Por otra parte, soy una persona que aprendió a trabajar en equipo de forma efectiva, a construir relaciones interpersonales a través de la confianza. Construir la confianza en mi misma y en lo que soy y puedo llegar a ser.

— TESTIMONIO DE F.C (JOVEN PROFESIONAL QUE ESTÁ APRENDIENDO EL GOLF).

El haber aprendido los fundamentos del golf, sus valores, actitudes y habilidades es una herramienta que nos da la aptitud de influenciar intencionada y conscientemente los propios pensamientos, emociones y conductas con el objetivo de alcanzar metas personales; además, nos permite reconocer la importancia del autoconocimiento, autoestima, autonomía, autogestión y automotivación de uno mismo, que nos lleva a descubrir nuestros talentos y super-poderes a través de los cuales diseñamos la vida que queremos y desarrollamos la cualidad de mantener la calma en situaciones difíciles.

En resumen, para que el golf fluya adecuadamente, debes tener armonía en esa unidad cuerpo, mente, espíritu y ambiente que nos enseña a estar presente y tener foco.

— TESTIMONIO DE P. F.
(PROFESIONAL QUE APRENDIÓ EL
GOLF DE ADULTO)

EJERCICIOS DE CONCENTRACIÓN MENTAL:

#1 REVISA TU DÍA: para terminar el día sería ideal hacer otra meditación antes de dormir. Después de esto, cuando te tumbes en la cama, haz un repaso a lo que has hecho durante el día. No te detengas en juicios, solo intenta repasar las distintas cosas que has hecho, como si quisieras apuntarlas en una lista, Nada más. Con un poco de constancia al practicar estos ejercicios, irás viendo que tu capacidad de concentración va mejorando día a día. (Propósito: autoevaluar el día a día con miras a la construcción de ser la mejor versión de sí mismo.)

#2 FOTOGRAFÍA CON TU MENTE: mira a tu alrededor y elije un objeto, da igual cual sea. Obsérvalo detenidamente. Piensa acerca de él, para qué sirve, de qué está hecho, que color o textura tiene. Después hazle una especie de fotografía mental. Ahora, cierra los ojos y recrea en tu mente ese objeto de forma detallada. (Propósito: aprender a visualizar momentos valiosos de la formación y la práctica para ser cada vez mejores)

#3 HAZTE AMIGO DE LAS MATEMÁTICAS: el cálculo es una de las actividades que más fortalecen la concentración, ya que para realizar las operaciones mentales es indispensable un gran nivel de concentración. Procura practicar actividades como sudokus o cualquier operación matemática de manera habitual. Ya verás como después de un tiempo notas una gran mejoría en tu capacidad de concentración. (Propósito: fortalecer la memoria para aprender reconocer nuestras cualidades y no olvidarlas).

ACTIVIDADES DERIVADAS DEL CAPÍTULO:

1. Escribe un breve relato, cuento, poema o anécdota donde incorpores las **5 "aes"**
2. Elabora el gráfico de la rueda de la vida.
3. Analiza un concepto en los que se relacionen el golf y el autoliderazgo.

6

LIDERAR AMBIENTES DE TRIUNFO
(HACER)

 ¿Qué cuelga usted en las paredes de su mente?.

— EVE ARNOLD

Cuando hablemos de ambientes de triunfo, intenta preguntarle a alguien: ¿en qué ambientes te mueves?, verás que la respuesta es una mueca o actitud de desconcierto... ¡olvidamos fácilmente nuestros ambientes! El ser conscientes de la importancia que tiene en nuestras vidas tomar reconocimiento de cada uno de estos para saber cómo nos movemos en cada uno de ellos, cómo nos sentimos, cuáles nos hacen felices, cuáles nos afectan, cuáles controlamos, cuáles nos controlan... solo a partir de esta toma de consciencia podremos, con dedicación y ayuda, si es necesario, modificar nuestro comportamiento en aquellos ambientes que no nos están aportando la estabilidad que necesitamos para llevar una vida plena y, a la vez, reforzar aquellos ambientes que sí repercuten en nuestro desarrollo, ciclo vital y felicidad.

¿Y tú?, ¿sabes cuáles son los ambientes por los que te mueves?... ¿o también has hecho una mueca de desconcierto?

Según Luis Gaviria, quien es pionero del *neurocoaching*, existen diez ambientes de triunfo:

#1 El Físico. Se refiere al ambiente, a los espacios en los que nos desenvolvemos en nuestro día a día, por ejemplo: la casa, el trabajo, el gimnasio, el parque donde corremos, nuestra oficina o cualquier lugar donde desarrollamos alguna actividad principal en nuestra cotidianidad, como el vehículo, por ejemplo, si somos conductores o comerciales. Los cuales deben ser adecuados y optimizados con las mejores condiciones para esta allí.

#2 Espiritual. Este ambiente no se refiere a si practicamos alguna religión o a si creemos en un Dios o Dioses; como tal se refiere a nuestro desarrollo y evolución interior, si poseemos las cualidades que nos convierten en seres que están viviendo una vida plena, feliz, coherente y congruente. Una persona que se considera atea y que, sin embargo, es humilde, delicada, educada, compasiva, que tiene paz interior y da amor... es una persona espiritual. Se trata de la construcción de todo aquello que se considera el desarrollo de la interioridad de un ser humano, que es capaz de trascender, practique o no practique una religión.

#3 El sí mismo. Se refiere a nuestros talentos, valores, carácter, habilidades, competencias, propias que nos enaltecen y que permiten ponerlas al servicio y colaboración de los otros, de igual manera hace parte de este ambiente todo lo bueno y mejor que queremos y esperamos de la vida... ¿estamos poniendo en práctica el sí mismo para llevar la vida que deseamos y merecemos?

#4 RELACIONES. En este ambiente encontramos principalmente los ámbitos de socialización cercana afectiva, es decir con aquellos que compartimos amorosa y generosamente la existencia. Se refiere en particular a nuestra familia, nuestros amigos y nuestros colegas.

#5 REDES SOCIALES. Aquí tenemos que entender redes sociales como los grupos a los cuales pertenecemos y en los cuales podemos marcar una diferencia… estos son los grupos que podemos llamar de apoyo porque en ellos podemos dar y recibir la ayuda que muchas veces necesitamos. Son aquellos grupos, personas entidades, instituciones u organizaciones clave que nos permiten generar vínculos fuertes especializados.

#6 CUERPO. Este es un ambiente al que debemos prestar atención con mucho cariño y dedicación, porque estamos hablando de nuestro cuerpo, este templo que nos está acompañando durante nuestro paso por este planeta… al que debemos cuidar con especial entrega y prestarle toda la ayuda que necesita en cuanto a alimentación, ejercicio, bienestar, contemplación, para que pueda ser nuestro vehículo perfecto mientras estemos en el ciclo vital.

#7 MEMÉTICO. Aquí no nos referimos a los tan conocidos memes graciosos que van dando vueltas por internet, no… aquí nos referimos a los memes como elementos culturales o de conducta que se transmiten de persona a persona y de generación a generación. Como diría el científico Richard Dawkins, «los memes son unidades culturales aprendidas o asimiladas que no se transfieren genéticamente». Son ideas, costumbres, prácticas, elaboraciones humanas referenciales que se transmiten poderosamente de generación en generación y que infunden un particular modo de ser. Este ambiente nos enseña el aprender a convivir y a crecer en la diferencia.

#8 FINANZAS. Este ambiente está obviamente relacionado con nuestros ingresos económicos, efectivamente incluye el deseo de tener unos ingresos no solo mayores, sino mucho mejores… aunque lo bonito aquí es que, este es un ambiente que bien manejado puede traer grandes beneficios espirituales si el incremento de estos ingresos no los destinamos únicamente a nosotros, sino también al compartir y ayudar. Este ambiente motiva al aprender a llevar la vida financiera de modo ordenado y prudente para que se ajuste a la realidad económica que se posee, siempre con miras a que sea mejor. Invita a planear, organizar y proyectar la consecución, uso e inversión del dinero.

#9 TECNOLOGÍA. Aquí sí nos referimos a los medios a los que accedemos a través de las nuevas tecnologías… son los ambientes del hardware, del software y de lo cibernético que permiten a las personas comunicarse y presentarse en la aldea global, esto exige tener equipos y aprender su uso. En particular hace alusión a las aplicaciones que facilitan el contacto en doble vía, con persona o con entidades. Invita al uso de redes sociales como Twitter, Instagram, Facebook, Zoom, Skype. LinkedIn, Whatsapp, entre otras. Estas son herramientas que se nos ofrecen de forma gratuita y que bien utilizadas podemos convertirlas en ambientes de triunfo.

#10 IMAGINACIÓN. Gracias a la imaginación tenemos los más grandes y mejores inventos, las más bellas obras de arte, los poemas más hermosos, las historias más tiernas… la imaginación nos permite sobrevivir a las peores circunstancias… la imaginación es un ambiente que nos puede llevar a la libertad dentro de una celda, esto es convertir la mente en un taller de ideas.

Ahora que sabemos a qué nos queremos referir cuando hablamos de ambientes de triunfo, debemos tener en cuenta que no nos encontramos solos en estos ambientes y quienes nos rodean afectarán nuestros ambientes, de la misma manera que nosotros podemos afectar los ambientes de otros... esa es una de las razones por la que debemos ser plenamente conscientes de la importancia de nuestro proceder para que logremos afectar positivamente, con consciencia y sentimiento, todos los ambientes por los que nos movemos, tanto propios como ajenos.

Igualmente, tenemos que saber y tomar plena consciencia de la gran importancia que tiene el hecho de que nosotros sepamos dirigir nuestros pensamientos y nuestras acciones para elegir con responsabilidad nuestros ambientes, porque de esta elección dependerá nuestro éxito y nuestra felicidad; debemos desarrollar el carácter y la madurez necesarias para elegir con sentido común, autoconfianza, seguridad y libertad qué clase de persona escojo ser, cuáles son los valores que me representan, dónde quiero vivir, cómo quiero vivir, qué quiero estudiar, dónde quiero trabajar, con quién me quiero casar, cómo deseo educar a mis hijos, qué situación financiera me acomoda mejor, etc.

Y de todos los ambientes que hemos mencionado, hay uno al cual tenemos que prestar especial atención... eso no quiere decir que podemos descuidar los demás... ¡no!... solo quiero recalcar la importancia de tener mucho cuidado con nuestro ambiente de la imaginación... ¡es muy poderoso! Si prestas atención, permanentemente nos están llegando mensajes, con diferentes palabras y por diferentes medios, haciendo hincapié en que «aquello en lo que te enfocas se expande», o «donde pones tu atención, pones tu energía», o «tú eres el creador de tu realidad»... y todo esto empieza en la imaginación, que así como puede abrirte la más hermosa realidad y regalarte el más próspero futuro… también puede convertirse en tu principal oponente y principal escollo. No me voy a detener en ejemplos porque basta con darte una idea para que sepas a qué me refiero… si tu pareja, o tu hijo, o cualquier familiar al que estás esperando no llega a la hora acordada, ¿acaso tu imaginación no vuela a las peores circunstancias posibles para explicar ese retraso?… o si estás esperando la llamada que confirme que te han aceptado en un nuevo trabajo, que además necesitas, es mediodía y todavía no te han llamado… ¿no empiezas a desesperar creyendo que no te han aceptado cuando aún hay mucho día por delante?

Debemos tener un cuidado enorme con nuestro ambiente de la imaginación, tener la capacidad de convertirlo en nuestro ambiente de triunfo por excelencia y para ello hay que echar mano del buen juicio, algo que nos distingue como seres humanos y seres conscientes. Se debe poseer el buen juicio de racionalizar para comprender que nuestros pensamientos generan nuestros sentimientos/emociones y estos sentimientos/emociones generan nuestros comportamientos… nuestro **HACER**.

Seguro que ya te has dado cuenta, aun así, lo vamos a poner en palabras: nuestro ambiente de la imaginación es tan importante que afecta cada uno de los otros nueve ambientes restantes… la imaginación es nuestra mejor herramienta y tenemos el derecho de servirnos de ella, así como el deber de cuidarla.

Ahora que sabemos de la importancia de nuestro comportamiento, de nuestro **HACER**, sabiendo que este está basado en un proceso cognitivo en el que nosotros tenemos la responsabilidad de dirigir, nos sobran razones para volver al motivo de nuestro libro… el golf.

Justamente en el capítulo anterior hemos tratado el tema del autoliderazgo, que es la actitud que debemos tomar para decidir cómo queremos que sean nuestros ambientes de triunfo ideales y la capacidad de convertir cada uno de ellos en los ambientes de triunfo elegidos. Estos serán nuestros ambientes, donde seremos capaces de realizarnos y alcanzar la excelencia como seres humanos, ambientes donde seremos capaces de hacernos plenos y felices, para poder compartir y enseñar a todos aquellos que son afines a cada uno de nuestros ambientes.

Desde este particular tema de la imaginación, el cual es básico y fundamental para nuestro desarrollo como seres humanos en función de alcanzar la plenitud personal, nos damos cuenta de la profunda conexión que tiene con el golf, porque su fundamentos nos ayudan a potenciar nuestro ingenio, que nos da la habilidad de inventar y resolver problemas encontrando los medios adecuados, para llevar a la realidad nuestras reflexiones o hacer real lo inexistentes, puesto que la imaginación es representar en nuestras mentes algo que no existe o que no está presente.

Entonces, necesitamos activar nuestro ingenio para hacer de nuestra imaginación nuestro mejor aliado, siempre desde la luz, acallando el lado oscuro y para lograr esto el golf nos da un amplio abanico de herramientas y fundamentos para desarrollar capacidades físicas, emocionales y psicológicas que necesitamos para generar estrategias que nos lleven a alcanzar este importante objetivo de actuar con ingenio para cambiar nuestras vidas y la de quienes nos rodean.

La verdad es que la estrategia creativa es como el golf, porque quien desea ser un buen jugador de golf, lo que hace es repetir su *swing* infinidad de veces siguiendo su rutina de preparación, además, antes de golpear la bola considerará absolutamente todas las variables posibles y decidirá cuál es el palo apropiado para el tiro que desea conseguir… es todo un proceso creativo estratégico. Cada tiro por más que se parezca a otro, el mismo campo por más que lo repita en el juego, serán diferentes, no solo porque todo cambia día a día, sino en particular porque el jugador de golf cada que lo hace le imprime ingenio, lo cual lo hace siempre nuevo y diferente.

Las buenas ideas no surgen de la nada, en realidad, las buenas ideas se basan en técnicas e información clave y básica, en tiempo y paciencia, en recursos que permitan la libertad de estudiar diferentes acciones, poder explorar nuevos conceptos e incluso correr riesgos para mejorar los resultados… ¡eso sí! también hay que saber cómo optimizar las herramientas y los recursos disponibles, para ello es importante hacer una buena planificación, buscar y obtener más y mejor información que nos proporcione las bases para plantear soluciones diferentes y creativas que produzcan rendimiento. Todo esto se logra con imaginación, particularmente con ingenio.

Y obviamente, una vez acabado nuestro partido o nuestro proyecto, deberemos medir los resultados para localizar los errores, lo que se puede mejorar, las condiciones dadas y así, volver a empezar una nueva ronda o un nuevo plan desde el principio… si bien planear no es fácil, muchos coincidimos en que efectivamente es necesario.

Y así, cuando hemos conseguido liderar nuestros ambientes de triunfo a través del autoliderazgo, entonces, estamos listos para liderar a otros.

 El trabajar en los ambientes de triunfo me dio claridad sobre qué estudiar, dónde quería trabajar quiénes serían mis amigos, especialmente utilicé la imaginación como una herramienta poderosa. Además de un ambiente físico amable, necesitamos entornos que nos apoyen, desde lo humano. Por ejemplo, la calidad de nuestras relaciones nos afecta de gran manera. Aprender a diseñar, crear, modificar y mantener nuestros diferentes ambientes es todo un arte.

— TESTIMONIO DE H.G.
(EMPRESARIO QUE APRENDIÓ EL
GOLF EN LA JUVENTUD)

A través de liderar los ambientes de triunfo aprendí a tomar buenas decisiones como: con quién casarme, la educación que queríamos para nuestros hijo,s el lugar donde viviríamos, las personas con las que nos relacionaríamos, así como la importancia de conocer sus culturas.

— TESTIMONIO DE J.E.
(COLABORADORA DE UNA EMPRESA,
QUE PARTICIPA EN TORNEOS DE
NETWORKING)

Mi familia y yo damos gracias a Jorge por la sabiduría de enseñarnos que hay una forma diferente de vivir a través de los fundamentos del golf. Nos fue llevando a que encontráramos y diseñáramos nuestros ambientes de triunfo en los diferentes planos: social, familiar, finanzas, espiritual, personal y profesional. Aprender a conectar o contactar con las personas haciendo comunidad nos permite navegar en la diversidad e inclusión en sus diferentes generaciones.

— TESTIMONIO DE W. R.
(COLABORADOR EN UN CAMPO DE
GOLF, PRACTICA EL GOLF)

EJERCICIOS DE CONCENTRACIÓN MENTAL:

#1 SOLO UN PENSAMIENTO: De los numerosos pensamientos que visitan tu mente, elije uno. Es preferible que sea un pensamiento agradable. Una vez escogido dedícate a prestarle toda tu atención, solamente a él. Procura ser consciente de todas las sensaciones que te produzca el hecho de pensar solamente en eso que has elegido. Intenta intensificar las sensaciones agradables asociadas a ese pensamiento. Disfruta de ellas. (Propósito: poner en práctica el ambiente de imaginación)

#2 CAMINA MIENTRAS CUENTAS: El caminar mejora la concentración. Si, además, cuando vas caminando haces este pequeño ejercicio, tu concentración aumentará: comienza contando cinco pasos, al siguiente paso comienza de nuevo, pero cuenta hasta seis. Al terminar, comienza de nuevo y llega hasta siete. Continúa así hasta llegar a diez. Repite toda la secuencia durante tu caminata. (Propósito: poner en practica el ambiente del cuerpo)

#3 UNA COSA CADA VEZ: Por mucho que se nos eduque para ser productivos y poder desempeñar varias tareas a la vez, deberíamos dejar de hacerlo así. Cuando atendemos a varias cosas o pensamientos al mismo tiempo, perdemos muchísima capacidad de concentración. Cada día se conoce más el mindfulness, que consiste en poner toda nuestra atención en aquello que estemos haciendo. Si estás comiendo, solo come. Si estás caminando, solo camina. De esta manera tu atención se irá entrenando y podrás trasladar esta capacidad a cualquier actividad. Por lo tanto, cuando comiences a hacer algo, pon toda tu atención únicamente en aquello que estés haciendo. Lo demás ya tendrá su momento. (Propósito: aprender a vencer las resistencias, así se definen todo aquello que obstaculiza cualquier proceso de un ambiente de triunfo).

ACTIVIDADES DERIVADAS DEL CAPÍTULO:

1. Identifica el ambiente que consideras tienes más desarrollado y explica por qué.
2. Identifica el ambiente que tienes menos desarrollado y qué te lo impide.
3. Establece una relación entre cada uno de los ambientes de triunfo con el golf.

7

LIDERAR A OTROS (TENER)

> Uno se comporta en la cancha de golf de la misma manera que en la vida.

— F. CHIESA

QUIERO, ANTES DE ENTRAR DE LLENO A ESTE CAPÍTULO, recapacitar sobre una cualidad absolutamente necesaria para poder liderar a otros, es algo que definitivamente debemos **TENER** como algo inherente dentro de nosotros: la coherencia.

La coherencia es ser capaz de mantener un actitud lógica y consecuente con los conocimientos, las creencias o principios que se profesan o practican. Entonces, si nuestros principios y nuestras acciones guardan coherencia, no solo nos será posible, sino también fácil, reaccionar con creatividad, fluidez e intuición ante cualquier desafío personal, social o laboral.

Y una vez más, el golf es el deporte que nos ofrece la coherencia como uno de sus fundamentos principales, por lo tanto, es una cualidad que podemos adquirir o mejorar sin esfuerzo y casi de forma natural al practicarlo puesto que se basa en la honorabilidad y el respeto al contrincante por encima del hecho de perder o ganar, donde las normas se basan en reglas de cortesía y buenas costumbres que salen a relucir incluso en la derrota.

Ahora, volviendo al tema de este capítulo, recordemos que un líder es quien influye en los demás para trabajar con actitud en pos de alcanzar los objetivos definidos, además, suele ser considerado el jefe. En prácticamente todas las organizaciones políticas, deportivas, religiosas, etc., hay un líder, obviamente, en cada uno de estos grupos el líder desempeñará diferentes funciones, sin embargo, la más conocida y difundida es la de líder ejecutivo de dirección empresarial y, en cualquier caso, el líder es quien planifica, dirige el grupo, lo representa y da la cara por él, además, media en los conflictos que puedan surgir y sabe cómo promover, estimular e incentivar con sanciones y recompensas.

Existen diferentes tipos de liderazgo[1] para variados grupos y, obviamente, dependiendo también de la personalidad y habilidad del líder podemos tenerlos de diferentes tipos: autoritarios, que toman las decisiones sin consultar con su equipo; democráticos, que piden y toman en cuenta la opinión del grupo; y finalmente, líderes liberales, que deciden solo a solicitud del equipo.

Pero antes de liderar a otros, un líder debe primero ser capaz de autoliderarse. Es más, el autoliderazgo se tiene, actualmente, como un hábito básico para el ser humano puesto que es una gran herramienta para darle sentido y orientación a la vida… piensa que los más grandes líderes de la historia del mundo hicieron de su visión su vida misma…

nunca su profesión. Ya hemos dedicado un capítulo a este tema.

Ahora que tenemos la visión clara de que un líder debe tener la suficiente capacitación para mantenerse a la cabeza de un equipo, debemos tener claro que un líder está obligado a, sobre todo, haber cultivado y practicado toda una serie de cualidades humanas (coherencia) que le permitan mantenerse en su posición y alcanzar el desarrollo personal de cada uno de los miembros del equipo que lidera, además de llevar al equipo a alcanzar el éxito en cualquier tarea emprendida.

Obviamente, el conocimiento académico que tiene un líder, junto con sus cualidades humanas, no son producto del azar, son más bien producto del esfuerzo, aunado, en la mayoría de los casos, a un carisma innato, podría decirse heredado.

Este conocimiento y estas cualidades se obtienen y desarrollan en el cerebro.

Actualmente se está trabajando con el concepto *brain-friendly*, muy relacionada al *coaching*, la inteligencia social, el *mindfulness* y el *neuromanagment*, se refieren al modo en que gestionamos nuestro cerebro. Se sabe que los líderes natos tienen la cualidad de gestionar sus cerebros de una manera más eficaz que el resto de las personas, es decir, tienen la carga genética que les permite desarrollar y entrenar su cerebro con más facilidad tanto en lo físico, como en lo mental y emocional porque, como decía Aristóteles, «Somos lo que hacemos día a día. De modo que la excelencia no es un acto sino un hábito.»[2]… entonces, todos, con dedicación y tenacidad, tenemos la capacidad de desarrollar las competencias que se necesitan para ser líderes, mejor aún, ¡para autoliderarnos! y poder modificar de mejor manera nuestro futuro y el de quienes nos rodean en nuestro ámbito familiar, social y laboral, ya que, como sabemos, un líder tiene la cualidad de influir en los demás y resultan ser integrantes decisivos en el progreso de las empresas que se definen como exitosas... porque el éxito se cimenta en la base donde se encuentran los equipos, la fuerza laboral, que es donde un líder tiene mayor capacidad de influencia.

Ya hemos mencionado también que todo líder debe poseer una serie de cualidades y habilidades necesarias para enfrentar y sobresalir en este sigo XXI; estas competencias deben abarcar un abanico importante que incluye desde conocimientos tecnológicos avanzados, conocimientos gerenciales tradicionales y habilidades blandas que lo hagan cercano y le permitan influir positivamente en su equipo... ¿y dónde podemos desarrollar toda esta gama de requisitos?... pues, ¡en el cerebro!... ¿y cómo? a través de la práctica de hábitos saludables para el cuerpo —buena alimentación, descanso, ejercicios, etc.— y la mente —pensamientos sanos, optimismo, ideas claras— lo cual nos llevará, como mínimo, a convertirnos en personas tónicas y no tóxicas... ¿y cuánto tiempo nos tomará?, eso dependerá de nuestra constancia y determinación para romper esa resistencia al cambio inicial que presentará en un primer momento nuestro cerebro, aunque es importante recalcar que un líder se hace durante todo el trayecto de vida como una sumatoria de competencias acumuladas y coherencias practicadas.

En definitiva, el hecho de cultivar tanto la mente para aprovecharla mejor, como las cualidades humanas que nos llevan a ser mejores personas, es el mejor camino para liderarnos y liderar a otros, sabiendo que liderar no tiene nada que ver con imponer ideas u opiniones, al contrario, se trata de escuchar y aprender de quienes saben, con la intención de llegar a algo diferente liderando con convicción, pasión y optimismo hacia un objetivo común.

Vamos a aclarar un poquito más nuestro concepto sobre liderar, porque tal vez, ahora mismo te estés preguntando si liderar es motivar o a lo mejor es inspirar o puede ser obtener resultados... pues bien, creo que lo mejor es conocer las principales cualidades que un buen líder debe **TENER**[3]:

#1 ENFOQUE:

> Se ha dicho que el liderazgo trata de tomar decisiones importantes, pero poco populares. Es una verdad parcial, pero esto le resta importancia al enfoque. Para ser un gran líder, no puedes enfocarte en las cosas pequeñas y debes estar menos distraído que tu competencia. Para atender las cosas críticas, debes desarrollar cierta ignorancia selectiva. De otra forma, lo trivial te ahogará.
>
> — TIM FERRIS, AUTOR DE BESTSELLERS.

#2 CONFIANZA:

> Un líder gana seguidores e inspira confianza al tener una visión clara, tener empatía y ser un buen maestro. Como una mujer líder, a veces siento que debo aparentar tener una actitud asertiva sin perder la generosidad y amabilidad que me enseñaron mis padres. Ambas características me sirven para ganar respeto.
>
> — BARRI RAFFERTY, CEO DE KETCHUM NORTH AMERICA

#3 Transparencia:

Nunca me ha gustado el concepto de usar una "máscara". Como líder, la única manera de generar confianza en mi equipo y mis colegas es ser 100% auténtica: abierta, con fallas, pero siempre apasionada de nuestro trabajo. Esto me ha dado la libertad de estar siempre presente y ser consistente. Ellos saben qué pueden esperar de mí.

— KERI POTTS, DIRECTORA SENIOR
DE RELACIONES PÚBLICAS EN ESPN

#4 Integridad:

Nuestros empleados son un reflejo directo de los valores que encarnamos como líderes. Si estamos jugando bajo las reglas reactivas y obsoletas de querer tener siempre la razón, limitamos al máximo el potencial de nuestro negocio y perdemos talento de calidad. Si te centras en ser auténtico en todas tus interacciones, esto impregnará la cultura de tu negocio.

— GUNNAR LOVELACE,
COFUNDADOR DE THRIVE MARKET

#5 Inspiración:

La gente siempre dice que soy un hombre que se hizo a sí mismo. Pero no existe algo así. Los líderes no se hacen a sí mismos; son motivados por alguien o algo más. Llegué a América sin dinero ni ningún tipo de pertenencias además de mi bolsa de gimnasio, pero no puedo decir que aterricé sin nada: algunas personas me dieron una gran inspiración y consejos fantásticos, y fue impulsado por mis creencias y un deseo y pasión internas. Por esa razón estoy siempre dispuesto a ofrecer motivación a amigos o desconocidos en Reddit. Conozco el poder de la inspiración, y si alguien puede usar mi experiencia para alcanzar la grandeza, estoy más que dispuesto a ayudarles.

— ARNOLD SCHWARZENEGGER,
EXGOBERNADOR DE CALIFORNIA

#6 Pasión:

Debes amar lo que haces. Para ser exitoso en algo, debes obsesionarte con ello y dejar que te consuma. Sin importar cuán triunfador te conviertas en tu negocio, nunca estás realmente satisfecho y siempre estás buscando hacer las cosas más grandes y mejores. Lideras con el ejemplo no porque creas que puedas hacerlo, sino porque es tu manera de vivir.

— JOE PÉREZ, COFUNDADOR DE
TASTEAMDE

#7 Innovación:

En cualquier sistema con recursos limitados y expansión infinita de población –como tu negocio o la humanidad entera - la innovación es esencial no solo para el éxito, sino para la supervivencia misma. Los innovadores son nuestros líderes. No se puede separar a los dos. Ya sea por pensamiento, tecnología u organización, la innovación es nuestra única esperanza para resolver los retos.

— AUBREY MARCUS, FUNDADOR DE ONNIT

#8 PACIENCIA:

La paciencia es realmente el coraje que surge de poner a prueba tu compromiso con tu causa. El camino a grandes cosas siempre es difícil, pero los mejores líderes saben cuándo abandonar una causa y cuándo hay que mantener el rumbo. Si tu visión es lo suficientemente audaz, habrá cientos de razones por las que "no se podrá lograr" tu meta y deberá enfrentar a un montón de escépticos. Muchas cosas tienen que conjugarse para que un negocio prospere como competencia, financiación, demanda del consumidor y siempre, un poco de suerte.

— DAN BRIAN, DIRECTIVO DE WHIPCLIP

#9 ESTOICISMO:

Es inevitable: vamos a encontrarnos en algunas situaciones realmente jodidas, ya sean errores costosos, fallos inesperados o enemigos sin escrúpulos. El estoicismo es, en su raíz, aceptar y anticipar para no asustarnos, reaccionar emocionalmente o agravar aún más las cosas. Entrenar a nuestra mente, considerar los peores escenarios y regular nuestras respuestas instintivas inútiles es la manera en la que evitamos que estas situaciones jodidas no se conviertan en acontecimientos fatales.

— RYAN HOLIDAY, AUTOR DE THE
OBSTACLE IS THE WAY Y
EXDIRECTOR DE MARKETING DE
AMERICAN APPAREL

#10 ANÁLISIS:

Comprender las cifras subyacentes es la mejor cosa que he hecho para mi negocio. Como tenemos un servicio basado en suscripciones, el mayor impacto en nuestro resultado final fue disminuir nuestra tasa de deserción. Ser capaz de reducir ese número del 6 al 4 por ciento significó un aumento del 50 por ciento en el valor del cliente promedio. Algo que no habría sabido hacer si no hubiera aprendido a entender los datos de mi negocio.

— SOL ORWELL,
COFUNDADOR EXAMINE.COM

#11 AUTENTICIDAD:

Es cierto que la imitación es una de las mayores formas de adulación, pero no cuando se trata de liderazgo, y cada gran líder en mi vida, de Mike Tomlin al entrenador de esquí olímpico de Scott Rawles, ha sido auténtico. Se vale aprender de los demás, leer autobiografías de tus líderes favoritos y adquirir habilidades en el camino, pero nunca perder tu voz opiniones y opiniones auténticas.

— JEREMY BLOOM, COFUNDADOR Y DIRECTOR GENERAL DE INTEGRATE

#12 Apertura de mente:

Uno de los mayores mitos es que los buenos líderes empresariales son visionarios que poseen una férrea determinación a seguir sus metas sin importar qué. No tiene sentido. La verdad es que los líderes tienen que mantener una mente abierta y ser flexibles para ajustar la estrategia si es necesario. Cuando estás en la fase de startup, la planeación pasa a segundo término y tus metas no son estáticas; tú objetivo debe ser desarrollar buenas relaciones.

— DAYMOND JUAN, CEO DE SHARK BRANDING Y FUBU

#13 Capacidad de decisión:

En la preparatoria y la universidad, para ganar dinero extra a menudo arbitraba partidos de baloncesto. La persona que me enseñó a hacerlo me dio una gran lección de vida: "Tienes que tomar las decisiones rápido, fuerte y no mirar atrás". Hay veces que una mala decisión bien tomada te puede dar mejores resultados a largo plazo y a forjar un equipo más fuerte, que una elección correcta hecha "al ahí se va".

— SCOTT HOFFMAN, PROPIETARIO
DE FOLIO LITERARY MANAGEMENT

#14 SER GENUINO:

Todos nosotros traemos algo único en este mundo y todos notamos cuando alguien no es auténtico. Cuanto más te centres en hacer conexiones genuinas con las personas – más allá de concentrarte en lo que ellas pueden hacer por ti – más agradable serás a los demás. Esto no es necesario para ser un gran líder, pero sí para ser uno más respetado, lo que puede hacer una gran diferencia en tu negocio.

— LEWIS HOWES, AUTOR MÁS
VENDIDO DE THE NEW YORK TIMES
POR OF THE SCHOOL OF GREATNESS

#15 EMPOWERMENT:

Muchas de mis filosofías de liderazgo las aprendí siendo atleta. Mis equipos más efectivos no siempre tienen el mejor talento, pero sí tienen miembros con la combinación correcta de habilidades y la capacidad de confiar en sus compañeros. Para forjar un equipo triunfador debes delegar responsabilidades y autoridad, algo que no siempre es fácil. Esa es la única manera de descubrir las verdaderas capacidades de tus colaboradores y obtener sus mejores esfuerzos.

— SHANNON PAPPAS,
VICEPRESIDENTE SENIOR DE
BEACHBODY LIVE

#16 POSITIVIDAD:

Para alcanzar la grandeza, debes crear una cultura de optimismo. Habrá muchas subidas y bajadas, pero la prevalencia de la positividad ayudará a tu compañía a seguir adelante. Pero recuerda: esto requiere valor. Debes creer verdaderamente que tu equipo puede hacer lo imposible.

— JASON HARRIS, CEO DE
MEKANISM

#17 GENEROSIDAD:

Mi mayor meta siempre fue ofrecer lo mejor de mí mismo. Todos crecemos – como colectivo, como equipo – cuando ayudo a otros a crecer como individuos.

— CHRISTOPHER PERILLI, CEO DE
PIXEL MOBB

#18 Persistencia:

Un gran líder una vez me dijo "La persistencia vence a la resistencia". Luego de trabajar en Facebook, Intel y Microsoft para empezar mi propia compañía, he aprendido otras dos grandes lecciones: Todas las cosas toman tiempo y debes persistir, siempre. Eso es lo que te hace un buen líder: la disposición a ir más allá de lo que detendría a otros.

— NOAH KAGAN, DIRECTIVO DE APPSUMO

#19 Visión:

Se necesita usar el instinto cada día para saber separar qué es lo verdaderamente importante. Es como la sabiduría – puede mejorarse con el tiempo, pero debe ser parte de ti desde el origen. Es inherente. Cuando tu instinto es correcto, te ves como un genio, pero cuando se equivoca, te ves como un idiota.

— RAJ BHAKTA, FUNDADOR DE WHISTLEPIG WHISKEY

#20 Comunicación:

Si las personas no saben cuáles son tus expectativas y no las cumplen, en realidad es tu culpa por no comunicarte bien. Las personas con las que trabajo hablan constantemente. La comunicación es un acto de balance. Puede que tengas una necesidad específica, pero es indispensable que veas el trabajo como un esfuerzo colaborativo.

— KIM KURLANCHIK RUSSEN,
PARTNER EN TAO GROUP

#21 RESPONSABILIDAD:

Es mucho más fácil echar culpas que aceptar que tienes alguna responsabilidad cuando algo sale mal. Pero si quieres saber cómo hacer las cosas bien, aprende del experto en finanzas Larry Robbins. Él escribió una letra verdaderamente humilde a sus inversionistas cuando una mala elección suya causó una pérdida de ganancias. Luego abrió un nuevo fondo sin comisiones por manejo de cuenta o tarifas preferenciales – algo nunca antes visto en el sector. Eso es carácter. Eso es responsabilidad, es ir más allá de aceptar la culpa y hacer algo para remediar el error.

— SANDRA CARREON-JOHN, SENIOR
VICE PRESIDENT DE M&C SAATCHI
SPORT & ENTERTAINMENT

#22 INQUIETUD:

Se necesita un liderazgo real para encontrar las fortalezas dentro de cada persona en tu equipo y luego mirar hacia fuera para cubrir lo que falta. Debes creer que tu equipo por sí solo no tiene todas las respuestas, porque si llegas a creer eso, significa que no estás haciendo las preguntas correctas.

— NICK WOOLERY, DIRECTOR
GLOBAL DE MARKETING DE STANCE
SOCKS

«EN RESUMEN, la definición de liderazgo no tiene que ver con la jerarquía ni la posición de nadie..., no tiene que ver con imponer opiniones sino con escuchar a los que saben. El liderazgo es la **actitud que asumen aquellas personas que buscan algo diferente**, que están comprometidas a lograr un objetivo y cuya convicción logran transmitir a los demás a través de la ilusión y el optimismo, para lograr un objetivo común[4]».

Ahora nos queda claro que el papel de un líder es un rol de suma importancia y necesidad en todos los aspectos de nuestras vidas, pero que además es un rol que implica una gran responsabilidad y que necesita **TENER** una gran preparación, capacidad física, mental y emocional... y el golf, nuevamente, es uno de los deportes más completos que nos prepara para asumir este rol. El aspecto físico es, creo, bastante obvio, así es que veamos solo cinco de los muchos beneficios que el golf presta a nuestra salud mental[5]:

#1 REDUCE EL ESTRÉS: Según *Golf Digest*, un estudio realizado en el año 2015 afirma que hacer deportes ayuda a mejorar la salud, específicamente aquellos deportes al aire libre, conocidos también como «ejercicios verdes». Además, comentan que se ha demostrado que las experiencias que permiten mayor contacto con la naturaleza reducen el estrés y la fatiga mental.

El golf cumple con estas dos características, al ser un deporte que se practica al aire libre.

#2 DISMINUYE LA ANSIEDAD: Según un estudio realizado por más de 25 médicos europeos y expertos internacionales, el golf contribuye en mejorar la salud general de las personas que lo practican y aporta importantes beneficios para la salud mental.

Roger Hawkes, ex jefe médico del European Tour y uno de los autores del estudio mencionado, explicó en una entrevista realizada por CNN que la interacción social es un factor de riesgo que se ha subvalorado. Mientras que expresó que «la actividad física moderada se asocia con la reducción de la ansiedad y de la depresión».

#3 ESTIMULA EL DESARROLLO CEREBRAL: Según Edwin Roald, miembro del Instituto Europeo de Arquitectos de Campos de Golf, el golf actúa como un excelente estimulador del hipocampo -región cerebral asociada a la memoria, orientación y regulación emocional- una de las dos únicas áreas del cerebro adulto en la que se da la neurogénesis - nacimiento de nuevas neuronas.

Asimismo, la práctica del golf también contribuye a incrementar los niveles de noradrenalina en las zonas del cerebro asociadas a las actividades cognitivas -como la memoria y la toma de decisiones- contribuyendo así a mejorar nuestra capacidad de aprendizaje. Entre otros efectos de la neurogénesis sobre el cerebro está el aumento de la sensación de bienestar y las capacidades cognitivas. El golf, como buen ejercicio, ayuda a elevar los niveles de serotonina, clave en personas con riesgo de padecer enfermedades como el Alzhéimer.

#4 PROMUEVE LA INTERACCIÓN SOCIAL: En un artículo publicado por *Medical News Today* resaltan los efectos positivos de la interacción social para las personas. La psicóloga Susan Pinker explica el beneficio físico de interactuar en un entorno como el golf: «la dopamina [también] se genera, lo que nos da un poco de energía y disminuye el dolor, es como una morfina producida naturalmente».

En el artículo amplían acerca de la importancia de los apretones de manos y la interacción física, sin embargo, debido a la pandemia de coronavirus debemos evitar el contacto físico. En su lugar, te recomendamos optar por un toque *potterheads*, una pequeña reverencia o un *hi-five* de lejos para reconocer y agradecer a tu compañero de juego.

#5 REDUCE LOS EFECTOS DE LA DEPRESIÓN: Seguramente has escuchado que hacer ejercicio te ayuda a producir endorfinas, hormona responsable de generar sentimientos de felicidad, tranquilidad, euforia y creatividad. Como mencionamos anteriormente, existen varios estudios que comprueban que la práctica de deportes como el golf pueden mejorar tu estado mental.

La práctica constante del golf contribuye a optimizar la coordinación y el equilibrio del cuerpo humano estimulando el funcionamiento neurológico y mejorando la salud mental.

En la revista especializada en golf, ACES Northern California's Premier Golf Lifestyle Magazine, he tenido la oportunidad de leer una serie de artículos que puedo resumir de la siguiente manera:

Con el golf practicamos la imaginación, creatividad, innovación y el juego; además promueve la concentración, enfoque, constancia, control de pensamientos, manejo de tensión, confianza, preparación, equilibrio, imágenes y actitud mental… estas son la mayoría de cualidades que necesita desarrollar un buen líder, y cualquier persona para ser capaz de responsabilizarse de sus objetivos, su bienestar, su evolución… ¡su vida!

Además, el golf nos aporta valores fundamentales como respeto, honestidad, perseverancia, compromiso, cooperación y ejemplaridad. Estas son actitudes que nos hace mejores personas, empleados, jefes y directivos, y nos hace sobre todo tomar consciencia de que «no se puede ser mejor jefe que persona».

Pero el golf va más allá de la persona, llega inclusive al aspecto empresarial teniendo en cuenta que promueve el entrenamiento de habilidades directivas como la capacidad de visualizar diversos escenarios, apoyándose en la firmeza mental, control de las emociones y confianza en sí mismo.

Como ves, aunque está muy difundida la creencia de que lo líderes «nacen», la verdad es que también se «hacen» … ¡es más!, ten por seguro que aquel que ha nacido líder, es una persona que se esfuerza cada día, se prepara, busca, aprende, se inventa, se reinventa, se esfuerza… y, sobre todo, sabe agradecer, es una persona humilde en su grandeza que sabe devolver a la vida todo lo que la vida le ha entregado.

Se dice que un buen líder tiene la capacidad de potenciar las competencias de cada colaborador de su equipo.

Se tiene que ser un ejemplo para seguir, cuando uno genera confianza en las personas permitiéndoles equivocarse estas desarrollan su máximo potencial, lo mismo nos pasa en el golf al equivocarnos nos permite recuperarnos en el siguiente golpe no sin haber aprendido del error

Yo era un jefe que forzaba las situaciones para que el trabajo saliera en tiempo y forma sin importar lo que mis colaboradores necesitaban. Si embargo después de conocer los fundamentos del golf y poner en práctica lo aprendido, me di cuenta que puedo obtener más de mis colaboradores si me doy el tiempo de conocer a cada uno como persona, así como el talento que tiene, aprendí a que puedo obtener mejores resultados delegando con responsabilidad y confianza.

Invito a las diferentes organizaciones a considerar este excelente programa de los fundamentos del golf que a mi me enseñó, que antes de ser un buen líder primero se tiene que ser una buena persona.

A través de los fundamentos del golf aprendí, primero, a conocerme y reconocer el hacerme cargo de mi vida y de las situaciones que puedo controlar; en segundo lugar, el haber diseñado mis ambientes de triunfo me dio la base para la elección correcta de mis colaboradores, la presión justa que debo ejercer, la liberación del talento, el posicionamiento de objetivos, el disfrute, la confianza, coherencia, concentración y equilibrio para liderar equipos; en tercer lugar, la importancia de la escucha activa en la comunicación para la toma de decisiones y la negociación; en cuarto lugar, entender que fomentar las relaciones sociales y profesionales nos permite hacer mejores y más sanos negocios y en quinto lugar, hacerme un eterno aprendiz mediante la educación continua.

— TESTIMONIO DE F. L. (DIRECTOR DE EMPRESA QUE PRACTICA EL GOLF)

EJERCICIOS DE CONCENTRACIÓN MENTAL:

#1 ORGANIZACIÓN AL EMPEZAR: al comenzar cualquier tarea, sea del tipo que sea, es muy importante que haya un mínimo de organización. Por un lado, habrá que evitar que el sitio donde vayamos a estar tenga cosas que nos puedan distraer. Lo mejor es que sea un sitio tranquilo y ordenado. La puerta permanecerá cerrada, todas las distracciones de Internet apagadas y el móvil también. Así mismo, anota qué tareas vas a hacer y en qué orden las irás llevando a cabo. De esta manera, al contar con cierta estructura, la concentración se verá favorecida. (Propósito: reconocer que un líder aplica los ambientes de triunfo y liderazgo a sus diferentes tareas)

#2 Un instante de atención plena: este ejercicio se puede hacer en cualquier momento libre que tengas a lo largo del día. Esperando el autobús o en algún descanso en el trabajo. Céntrate todo lo que puedas en tu respiración durante dos minutos. Debes estar de pie, con los ojos abiertos y que la respiración sea abdominal. Toda tu atención se centrará en el sonido que hace el aire al salir por la nariz y en el ritmo de esa respiración. Vendrán pensamientos que no deberás atender. Cuando esto suceda, vuelve la atención a la respiración. Si haces este ejercicio tan sencillo en momentos de confusión o angustia, verás como te aporta mucha tranquilidad y claridad de ideas. (Propósito: Reconocer que un líder aprende del golf y enseña liderazgo desde el golf)

#3 Comienza con una relajación: nuestra capacidad de concentración se ve muy mermada por los estados de estrés y ansiedad con los que tantas personas conviven. Lo ideal sería adquirir el hábito de comenzar cada día con una meditación. Esto conseguiría aportarnos una mayor serenidad para el resto del día. Si, además de esto, hacemos pequeñas relajaciones a lo largo del día y antes de comenzar alguna tarea, el nivel de concentración será mucho mayor. Comienza respirando profundamente varias veces. Inspira por la nariz y exhala por la boca. Mantén el aire varios segundos entrando dentro y saliendo. Imagina que todas tus tensiones se marchan al expirar el aire. Repite varias veces y después pasa a inspirar por la nariz lentamente, pero sin retener el aire. Ahora ya estarás mucho más tranquilo y tu respiración te mantendrá en calma. (Propósito: reconocer que un líder se prepara pare mantener la calma en un equipo de trabajo y es resiliente).

ACTIVIDADES DERIVADAS DEL CAPÍTULO:

1. ¿Con cuáles de las cualidades de un líder te identificas y por qué?
2. Elabora un breve escrito en la que puedas relacionar uno de los beneficios del golf con el liderazgo.
3. Crea tu propio eslogan de líder.

8
LIDERAR OPORTUNIDADES
(DEVOLVER)

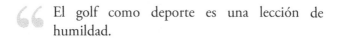 El golf como deporte es una lección de humildad.

— PETER UIHLEIN

CUANDO HABLAMOS DE LIDERAR OPORTUNIDADES, NOS estamos refiriendo a la ocasión que se nos ofrece de tomar la iniciativa y compartir nuestros conocimientos para convertirnos en creadores de posibilidades que permitan a otros avanzar en la vida desarrollando sus capacidades, actitudes y aptitudes. Esta tiene que ser una oportunidad elegida y asumida con consciencia y emoción, porque, aunque el fin supremo es compartir y **DEVOLVER** con bondad y desapego todos los beneficios que nosotros mismos hayamos podido obtener gracias a la práctica constante del golf, lo cierto es que seguiremos obteniendo recompensas de esta práctica bondadosa... es así que tiene que ser asumida con total responsabilidad y como un permanente acto de retribución. Esto es como líder sigo recibiendo y sigo devolviendo.

Podemos encontrar diferentes estudios que demuestran que la clave para alcanzar la felicidad, fin supremo del ser humano, es compartir, no solo tiempo y bienes, sino también conocimientos. Y no solo se beneficia a la persona que recibe el conocimiento que se está compartiendo, en realidad, la generosidad fortalece las relaciones entre los miembros de una comunidad porque enriquece las vidas de sus miembros. Es así que todos resultan beneficiados.

Cuando una persona comparte conocimientos, como ya hemos dicho antes, también es recompensado porque amplía sus horizontes —aprendes de aquellos a quienes enseñas—, se mantiene motivado —la interacción puedes adquirir nuevos buenos hábitos— y le da propósito a su vida —no hay nada más bello que ver una vida transformada—.

A lo largo de este libro hemos hablado de los beneficios que aporta el golf a la vida de las personas en su día a día, cómo beneficia a las empresas y sus integrantes y por último, también hemos mencionado cómo nos ayuda a prepararnos para las nuevas habilidades necesarias en un mundo basado en nuevas tecnologías... aunque la verdad, creo que estas nuevas habilidades no se circunscriben al área laboral sino que incluyen nuestra vida diaria en la cual, cada vez más, y prácticamente todo, está automatizado... y sí, en todos los aspectos de nuestras vidas, aun estando tan digitalizada, podemos usar el golf, lo que nos aporta y enseña a nuestro favor, compartiendo los beneficios y lo aprendido con las personas, en las empresas y en la redes. El golf logra que los seres humanos continúen en contacto y cercanía, frente a la frialdad y ausencia generadas cuando se hace uso excesivo del ciberespacio.

Entonces, el compartir y participar del conocimiento de una empresa nos trae una serie de beneficios medibles además de beneficiar directamente en la participación activa y felicidad de los trabajadores:

- Desarrolla una ventaja competitiva promoviendo la innovación y la creatividad manteniendo el flujo de información
- Mejora la productividad y el rendimiento, así como el avance hacia una misión u objetivo
- La información se comparte con toda la organización
- Se quita el trabajo redundante e innecesario
- Estimula la creatividad, lo que lleva a aprender cosas nuevas
- Fortalece los vínculos entre personas

Actualmente vivimos una época en los que el tiempo es, justamente, uno de los recursos más escasos, todo se mueve con una rapidez inmediata; el hecho de que un líder tenga credibilidad y sea reconocido, fortalece los canales informales que ayudan a que la información fluya en los equipos y en la empresa, permitiendo la participación de todos los miembros del equipo y también entre diferentes equipos.

Ahora, cuando hablamos de las nuevas tecnologías en las que, generalmente, las relaciones se llevan a cabo en plataformas virtuales, ¿tiene cabida el compartir información?... ¡claro que sí!, porque como seres humanos, estamos dispuestos a colaborar los unos con los otros y en situaciones como las que estamos viviendo actualmente, donde la sensibilidad está a flor de piel, es cuando más debemos mostrar nuestra cualidad humana compartiendo —gratis— aquello en lo que somos expertos, aquello que nos diferencia y nos permite ser únicos en nuestro nicho de negocios... y sí, las plataformas virtuales están ahí para ello, y créame, eso de «gratis» es relativo, porque también obtendremos beneficios en cuanto a confianza y autoridad en el sector en el que nos movemos, atraeremos una comunidad alrededor de aquello que estamos compartiendo, influiremos en nuestro sector y nos haremos conocidos, además, tendremos la gran oportunidad de aprender y resignificarnos, no solo porque podremos compartir información y conocimientos, sino también porque nos veremos obligados a hacerlo para mantenernos en el mercado... nos servirá de aliciente. Porque cuando enseñamos también aprendemos y en mayor medida.

No debemos temer a la tecnología, al contrario, está permitiendo que la información fluya, llegue, se comparta, se actualice... ¡se mueva! Cuántas veces hemos escuchado que quien posee la información detenta el poder... pues eso está cambiando gracias a la tecnología, hoy más bien, podemos empezar a decir y creer que en realidad «poder es el conocimiento compartido».

Como el gran objetivo del golf es justamente compartir y dar a conocer los grandes beneficios que este magnífico deporte es capaz de aportar, hay cada vez más organizaciones en el mundo que se dedican a promoverlo, en muchos casos sin ánimo de lucro, como el First Tee de Forth Worth, cuya misión es impactar la vida de los jóvenes menores de dieciocho años al brindarles la oportunidad de participar en un plan de estudios de habilidades para la vida y sus valores fundamentales a través del golf, inculcando valores que mejoran la vida, fomentan el liderazgo, construyen el carácter, promueven el servicio comunitario e impulsan el bienestar. Esta organización trabaja con voluntarios que, haciendo mérito al deporte al que se dedican, son un modelo positivo de comportamiento, madurez y responsabilidad para los participantes.

Hemos dado como ejemplo el First Tee, que está dirigido a niños y jóvenes, sin embargo, puesto que el golf es un deporte que no tiene ningún tipo de barrera, quien así lo desee, no tendrá ningún obstáculo ni problema para encontrar en su región una organización a su medida donde pueda iniciarse en este deporte y disfrutar de los innumerables y perdurables beneficios del golf.

El libro tu mejor tiro cambió mi visión de liderazgo, yo tenía una referencia muy equivocada de lo que era liderar, seguramente porque creía que ser un buen gerente era ser un gran líder. Ahora no solo quiero inspirar para lograr resultados en la organización, quiero inspirar cambios profundos en la forma de ver la vida y sobre todo en nuestro rol como ciudadanos del mundo. Este ha sido el elemento más retador y está generando cambios importantes en mi forma de trabajar con los equipos.

— TESTIMONIO DE C.T. (UNA GERENTE DE EMPRESA INTERNACIONAL, PRACTICANTE DE GOLF)

Los Voluntariados me han generado la oportunidad de conectar y compartir con personas de diferentes partes del mundo entendiéndonos a través del lenguaje del golf, los valores y las habilidades para la vida, sociales, profesionales y directivas

— TESTIMONIO DE L.A. (RETIRADO

DE EMPRESA TRASNACIONAL,
VOLUNTARIO EN EL FIRST TEE)

> Conocer el golf me ha llevado a diferentes lugares en el mundo y me ha permitido disfrutar de la naturaleza, de la flora y la fauna, ver el cuidado y respeto que se tiene al medio ambiente, además de ver las oportunidades de trabajo que se presentan en esta industria, así como el impacto económico y de ocio que genera a nivel mundial.
>
> Ahora tengo la oportunidad de compartir todo el conocimiento, los valores y las habilidades que puedo aplicar en mi vida y que he adquirido a través de los fundamentos del golf y mi desempeño como voluntario en diferentes organizaciones que enseñan la técnica y las cualidades del golf.
>
> — TESTIMONIO DE A. H. (ESPOSA DE EMPRESARIO QUE APRENDIÓ EL GOLF PARA JUGARLO CON SU PAREJA EN LOS VIAJES DE NEGOCIOS)

EJERCICIOS DE CONCENTRACIÓN MENTAL:

#1 EN TU MENTE VISUALIZA EL COLOR QUE TÚ QUIERAS, sostén la imagen de él durante 40 o 50 segundos. Lo importante es que vayas aumentando el tiempo en visualizar el color en tu mente, verás que, en muy poco tiempo, podrás permanecer muy bien concentrado durante horas. (Propósito:

Aprender a visualizar lo aprendido del golf que puedes compartir con otros.)

#2 CUANDO ESTÉS LEYENDO UNA REVISTA O UN LIBRO, detente en la imagen que más te llame la atención, y obsérvala por 2 o 3 minutos. Luego de haberla observado, piensa en 23 adjetivos que califiquen perfectamente la imagen que observaste. Puedes anotarlos o grabarlos en tu mente. (Propósito: guardar en la memoria los mejores momentos vividos en la práctica del golf.

#3 TOMA UN LIBRO, ÁBRELO EN CUALQUIER LADO, y empieza a contar las palabras que haya en cada párrafo, sean largos o cortos. Cuando creas que ya contaste las palabras de una página, te invito para que anotes el resultado, y vuelvas a contar nuevamente con el fin de confirmar si lo hiciste bien. (Propósito: reconocer que la práctica hace al maestro).

ACTIVIDADES DERIVADAS DEL CAPÍTULO:

1. Indica un conocimiento, habilidad o técnica que conoces con solvencia y que podrías enseñarla a otras personas.
2. Recuerda una experiencia de tu vida en la que una enseñanza transformó positivamente tu vida, descríbela brevemente.
3. Recorta y pega una imagen de una persona que consideres un maestro/a de vida.

9

HUELLAS QUE DEJAN HUELLA

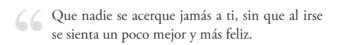 Que nadie se acerque jamás a ti, sin que al irse se sienta un poco mejor y más feliz.

— MADRE TERESA DE CALCUTA

¿ALGUNA VEZ TE HAS PLANTEADO O PREGUNTADO CÓMO caminamos?, ¿te das cuenta de que no somos conscientes de los pasos que damos, ni siquiera de cómo apoyamos o colocamos el pie?

¡Hagamos uso de la imaginación!, demos un paseo por un campo de golf… imaginémonos caminando en el campo, pisando el verde y frondoso césped… al caminar, empezamos el movimiento del pie apoyando el retropié o talón, luego apoyamos el arco y finalmente el antepié o punta… esta última parte del proceso de dar un paso es la «lanzadera» para dar el siguiente. Mientras caminamos, ¿alguien puede mantener los dos pies en el aire al mismo tiempo? ¿verdad que no?, porque lo que sucede es que para caminar necesitamos en todo momento un mínimo de estabilidad, equilibrio, firmeza y seguridad.

Con cada paso ejercemos una presión con el pie y dependiendo del terreno dejamos una impronta, o lo que es lo mismo… dejamos una huella.

La mayoría de los mortales, salvo que seamos bailarines, empezamos por el talón. En mi caso personal, las bases de mis huellas son los valores y principios, sobre estos se fundamentan todas las demás fases de mi paso para hacer el camino... estamos tan automatizados en la marcha que nos olvidamos del camino.

Las «huellas que dejan huella» se consolidan y mantienen en el tiempo cuando su estructura está basada en valores y principios innegociables e imborrables, que dignifican al ser humano y lo conducen hacia la excelencia.

Todos tenemos una historia y cualquiera podría estar aquí, en mi lugar, escribiendo y compartiendo su historia. Si en mi historia hay algo con lo que te identifiques, algo que te emocione o algo que te confronte, si incluso llegas a pensar: «Jorge Croda no habla de él, sino de mí», entonces habré alcanzado parte del propósito de mi vida: **inspirar**.

Ese es mi deseo con este libro, inspirar a partir de mi historia de vida que empieza hace demasiado, empieza con mis ancestros y no acabará pronto, ni siquiera con mis nietos… porque todos vivimos desde mucho antes de nuestro nacimiento y hasta mucho después de nuestra partida… por eso son tan importantes las huellas, tanto las que nuestros ascendientes nos han dejado a nosotros como las que nosotros dejaremos a nuestros descendientes.

Soy Jorge Croda. Llevo 30 años de feliz matrimonio con Linda y juntos tenemos tres maravillosos hijos, María Jimena de 29 años, que acaba de hacernos abuelos de nuestra nieta Camila, Jorge y María José, que tienen 26 años y son mellizos. Actualmente me desempeño como ingeniero industrial, superintendente en la industria del golf y *coach*.

Mi dilatada experiencia de más de 20 años como empresario, jugador y entrenador de golf en América Latina, Europa y Estados Unidos me han llevado a inspirar y ayudar tanto a personas como a empresas para que alcancen sus propósitos, emprendiendo el camino de la transformación y el liderazgo desde el respeto, amor, confianza, trabajo en equipo y acompañamiento.

Hoy elijo compartir contigo parte de mi experiencia de vida. Una vida que se ha construido y se ha abierto camino paso a paso sobre mi identidad basada en valores y principios, es decir: «quién soy, antes de qué hago».

Los diferentes terrenos sobre los que empecé a dar mis primeros pasos me ayudaron a fortalecer mis pies, ya que el terreno por el que caminamos puede favorecer o dificultar la marcha.

Desde mis orígenes he caminado por terrenos en los que la humildad, esfuerzo, compromiso, entrega y una gran capacidad de resiliencia estuvieron muy presentes. La mayoría de estas virtudes se proyectaban en mí gracias al ejemplo de mi familia, en especial el de mi abuelo.

Mi **SER** se ha ido transformando paso a paso y en cada uno de ellos he tenido la fortuna de dejar huella, lo cual sin duda alguna me ha llevado a definir mi propósito de vida: «Inspirar al ser humano para que se desarrolle como un líder auténtico y de excepcional valor» … hoy tengo el privilegio de poder cumplir ese sueño (inspirar) desde una de mis pasiones: el golf.

¿Por qué el golf? Porque es un vivo ejemplo de la vida. Porque existe una íntima relación entre lo que necesitamos para jugar con lo que necesitamos para vivir; porque el golf forja el carácter, refuerza la identidad y da forma a la personalidad.

Una de las mayores barreras con las se encuentran los deportistas y los seres humanos y que es necesario vencer para alcanzar los propósitos, es la barrera de la mente, las crecencias limitantes y las experiencias frustrantes no resueltas.

El golf ha sido y es el terreno perfecto para ejercitar los músculos de mi personalidad, es mi gimnasio emocional personal, la mejor escuela para desarrollar las diferentes asignaturas que la vida me presenta y todas estas oportunidades que me ha dado y me continúa dando, te las puede a dar a ti y a todo aquel que desee iniciarse en el (¡aunque no lo creas!), apasionante mundo del golf.

Cada obstáculo en los campos de golf, cada distancia, cada metro, cada hoyo, cada bola perdida, cada palo escogido y cada postura, se han convertido en elementos constructores, en analogías cuya reflexión me han abierto puertas para la vida.

Gracias al golf he podido pulir mi identidad, lo que soy, vivo, transmito y expreso. En coherencia de pensamiento, palabra y acción. Es mi segunda piel, mi tercer pulmón, la expresión de todo mi ser. Gracias al golf he alcanzado la plenitud en la vida, soy feliz, con un profundo sentimiento de humildad y agradecimiento, puedo sentirme merecedor de prosperidad y bienestar, pero, sobre todo, siento la necesidad imperiosa de compartir todo este conocimiento y todos estos sentimientos.

Tengo mucho que agradecer a mis ancestros, a sus huellas, que precedieron las mías y que ablandaron mi camino y al golf por obsequiarme la posibilidad de abrir mi mente y mi corazón para tener la visión y la sensibilidad para entender esta verdad.

Para terminar este libro, que espero te sirva de guía para que puedas edificar una vida plena, fructífera y dichosa en todos tus ambientes, deseo dejarte un pequeño resumen de cómo son mis pasos… ¡te invito a que nos acompañemos!, te ofrezco mi experiencia como soporte para alcanzar tus objetivos y resolver tus inquietudes:

EMPIEZO A CAMINAR, apoyo el talón, que representa mis pilares, valores y principios.

Sigo construyendo la base de mi vida sobre los pilares de la historia de mis antepasados, sobre su tradición, creencias, fe, valores, costumbres y cultura, que son columnas firmes cimentadas en el amor.

Con alegría, veo que hoy sigue vivo en mí aquel niño cuya familia le mostró un camino en el que se gastan zapatos. Mi pie ha crecido y desarrollado, especialmente porque me he puesto muchas veces en los zapatos del otro. La sensibilidad materna y las historias apasionadas de mi abuelo siguen vivas en mí. Una familia basada en valores permanece en el tiempo: autenticidad, solidaridad, responsabilidad, fidelidad, agradecimiento, bondad, libertad, justicia y laboriosidad.

REAFIRMO MI PASO, apoyo todo el arco, aclaro la visión, misión y propósito de mi vida.

Defino el camino a recorrer porque: «quien no sabe a dónde va, acaba en cualquier parte». Establezco un norte que estoy dispuesto a recorrer con compromiso, responsabilidad y total coherencia; esto es lo que se llama planeación estratégica.

En otras palabras, es el momento de saber con claridad el para qué de mi existencia en este mundo… y yo lo sé: «acompañar a otros a reencontrarse con su grandeza», sabiendo que juntos venceremos los paradigmas, resistencias, temores, limitaciones, malos hábitos, miedos e incertidumbre, que son las situaciones que bloquean y estancan el crecimiento, el desarrollo de las personas y organizaciones.

TERMINO DE DAR EL PASO, apoyo la punta y me preparo para el siguiente paso… la acción.

En este momento pasamos de la formación a la acción transformadora; es cuando las semillas sembradas en terreno adecuado y que han recibido los cuidados precisos, dan sus frutos.

Es válido aclarar que los anteriores temas no siempre son fáciles de explicar y mi labor como *coach*, desde el compromiso y profesionalidad, es ayudarte a que los consigas entender e interiorizar, acompañándote a ser y explorando metodologías de aprendizaje basadas en el *coaching* y sus herramientas, las neurociencias y las habilidades de comunicación, además de hacer uso, si hiciera falta, de otras metodologías que también suman y aportan para «acompañar a las personas a encontrar su grandeza» y «hacer de los equipos de liderazgo "equipos de alto rendimiento"».

MI MENSAJE FINAL

Te invito a que te pongas de pie y tomes consciencia de que tienes la capacidad de tomar decisiones, de dar pasos hacia la acción, una acción transformadora basada en valores.

Te invito a que desde esa posición de firmeza, seguridad y estabilidad sobre tus dos pies lances una mirada hacia el futuro, con el profundo deseo de dejar huella con tu formación, estilo y personalidad.

He aquí el regalo que te quiero dar: cuatro elementos que sostengan tu huella, **SAFE**:

- Recupera el «**SER**» para ejecutar con más inteligencia y sabiduría los pasos que nos acercan a nuestros propósitos.
- Recuerda que el partido lo juegas tú. Tuyos son los pasos que te llevan a la victoria, tuyo es el **Autoliderazgo.**
- Proyéctate hacia el **Futuro** recordando tus orígenes, viviendo el presente con intensidad, emoción,

pasión y fuerza, partiendo de quién eres y desarrollando ese gran potencial que hay en el ser humano.

- Recuerda que muchos de los límites son creados por nuestros miedos y que un **Entrenamiento** puede romper con esas barreras.

¡Ah!... Una cosa más: **¡no estás solo!**

CRECIENDO CON GROW

No, no estás solo… ya hemos mencionado en este libro que hay organizaciones y muchos clubs que ofrecen programas de iniciación al golf al alcance de prácticamente todos e incluso, hay muchos programas gratuitos para iniciarse en el golf.

Pero el golf es más que una simple práctica deportiva, sobretodo es un deporte coherente, y quienes participamos del espíritu de este deporte y nos basamos en sus fundamentos, creemos en la bondad del ser humano como pilar de la sociedad.

Mi familia y yo podemos dar fe de todas las bondades de este deporte en todos los ámbitos de nuestras vidas. Estamos viviendo los beneficios que ofrece la práctica del golf y reconocemos estar agradecidos a él. Mis hijos Jimena y Jorge practicaron este deporte a nivel amateur y desde muy pequeños, gracias a esto, tuvieron la ocasión de viajar y participar en diferentes competiciones, lo cual les brindó la oportunidad de conocer y relacionarse con personas que a lo largo de sus vidas les han brindado oportunidades a nivel personal y profesional; inclusive tuvieron la oportunidad de acceder a becas de estudios que obviamente fueron de gran ayuda para ellos y para nosotros, sus padres. Mi hija María José nunca jugó a nivel amateur solo social, sin embargo, gracias a que no deja de practicar el golf, tuvo la oportunidad de enseñar este juego a su jefe, lo cual le permitió crear un vínculo muy especial tanto con él como con la empresa en la que trabaja puesto que salieron a relucir las innumerables cualidades, básicamente morales, que se cultivan en el golf; y ya no hablemos de su círculo de amistades, siempre está dispuesta a dar una mano y enseñar a jugar el golf a todo aquel que esté dispuesto a vivir esta magnífica experiencia. Y hoy que nuestra familia se ha visto bendecida con la llegada de Camila, mi nieta, vemos cómo la paciencia, tolerancia, flexibilidad y serenidad adquiridas por sus padres gracias a la práctica del golf (mi hija Jimena enseñó a jugar golf a su esposo, el papá de Camila) crean el ambiente propicio para el desarrollo de Camila… es una bebé increíblemente tranquila, apacible y calmada.

Es muy bueno que sepas que en Estados Unidos y en todo el mundo puedes encontrar organizaciones, como el First Tee, que es una organización de desarrollo juvenil que impacta la vida de los jóvenes al proporcionar programas educativos que desarrollan el carácter e inculcan valores que mejoran la vida a través del juego del golf. El First Tee fue fundado por el World Golf Foundation, cuya misión es unir a la industria del golf en torno a iniciativas que promueven, mejoran el crecimiento y brindan acceso al juego en todo el mundo, al tiempo que preservan los valores tradicionales del golf y los transmiten a otros.

Como ves… ¡no estás solo!

Recalco esto porque es muy importante que sepas que **eres importante**… ¡todos lo somos! Esta es una verdad universal que muy pocos conseguimos hacerla nuestra y vivirla con total plenitud; tenemos que ser sinceros y aceptar que no es fácil alcanzar ese estado en el cual sentimos la magnitud de nuestra importancia… aunque por eso estamos aquí y ahora, porque somos perfectos para este momento, ni faltamos ni sobramos… ¡este es nuestro momento!

Es tal mi convencimiento de que **es importante saber lo importante que somos**, que he hecho de esta frase el título del primer capítulo de mi próximo libro, en el cual yo mismo, en coherencia con mi vivir, mi sentir y mi saber, acompaño a quienes deseen alcanzar la plenitud en sus vidas basándose en los fundamentos del golf… obviamente te voy a recomendar que incluyas la práctica de este deporte, porque el hecho de ofrecerle a tu mente un buen estado físico y emocional que acompañe y complemente tu desarrollo, es un regalo para tu vida y para quienes la comparten contigo.

Mientras que has tenido en tus manos este libro y has recorrido sus líneas, nuestras vidas han caminado juntas… espero podamos continuar juntos algunas jornadas más durante mi próximo libro en el que comparto mi vida, las bases de mi programa de *coaching* servicial **GROW**, que parte de los fundamentos del golf y está dirigido a todas aquellas personas, sin ningún condicionamiento, que deseen vivir las ventajas que este deporte nos regala.

ANEXO I

Este anexo es para darte un corto alcance de lo que es el programa GROW, con el cual trabajo como entrenador y consultor. A través de este programa sirvo a la gente, campos de golf y organizaciones, evaluándolos y acompañándolos para evolucionar a partir de lo que he aprendido en el pasado y en el presente para crear un futuro positivo y sostenible.

En GROW buscamos ser mejores personas confiando en nuestra intuición y haciendo que la vida sea como debe ser... ¡agradable!, sabiendo que el camino a la toma de decisiones puede ser preciso, como un tiro de golf.

Al igual que un campo de 9 hoyos, aquí te dejo 9 fundamentos que se profundizan en el programa y que nos sirven de partida para alcanzar el estado de vida que cada uno de nosotros desea:

- Imaginación - ¿Qué quiero lograr? (Cuadro grande)
- Curiosidad - ¿Cuáles son las posibilidades?
- Visualización - ¿Cómo puedo llegar allí? (usa tu creatividad)

- Fortalezas - ¿Cómo puedo usar mis talentos para lograr mi objetivo?
- Actitud - Tener balance y equilibrio, ser positivo.
- Adaptarse - Prepárese para cualquier situación
- Enfoque - Estar presente en el momento
- Fluir - Timing lo es todo
- Perseverancia - Alinearse con el objetivo y seguir

Además, todo esto de una forma tranquila y relajada... sin centrarnos en los resultados, sino en hacerlo lo mejor posible basándonos en:

- Seguridad ante todo
- Ser amable con los demás
- Dar el mejor esfuerzo en cada tarea
- Si comete un error, compartirlo con alguien
- Diviértase y disfrute su trabajo

Considero que los siguientes consejos te ayudarán a hacerte una idea más clara y cercana de los valores que te puede inculcar el golf y que, con el programa GROW, conseguimos desarrollarlos, potenciarlos e interiorizarlos. Estos consejos son algunos de los códigos o normas de vestimenta y comportamiento que deberás contemplar si un día te invitan a jugar un partido de golf, si decides practicarlo como hobby o si deseas dedicarte a este deporte de manera social, eso no importa, siempre deberás cumplirlos... ¡tal cual es la vida!:

9 PRÁCTICAS QUE DEBES TENER EN CUENTA SI TE INVITAN A JUGAR GOLF:

1. Procura una vestimenta adecuada, lo más recomendable son unos pantalones chinos y un

polo, siempre acompañados de unos zapatos diseñados exclusivamente para jugar al golf.

2. Tener el equipo y los accesorios necesarios para la partida de golf.

3. Llegar con al menos 30 minutos antes de la hora de salida al campo.

4. Hacer estiramientos antes de empezar a practicar haciendo tiros

5. Demostrar humildad y esperar a que la persona que te invito te de las indicaciones

6. Si haces algunos tiros malos, solo di que ya mejorará, me estoy divirtiendo.

7. Conservar códigos de honor y respeto en el campo y con los compañeros.

8. Tu lenguaje corporal habla mucho de tu personalidad.

9. Conoce las reglas básicas, si no estás seguro en alguna decisión, siempre podrás consultar a un compañero de partida o a tu marcador.

La siguiente lista son lo errores que debes evitar, pues cometerlos demostrará que eres una persona que no se fija en los detalles, no guarda respeto al juego ni a los compañeros, lo cual te puede marcar como alguien no confiable y nadie querrá volver a jugar contigo ni mucho menos confiará en ti… ni dentro ni fuera del campo:

9 errores que debemos evitar si te invitan al golf:

1. No llegar con la vestimenta adecuada o con ella sin buen aseo

2. Presentarse al juego sin el equipo adecuado

3. No llegar a tiempo para el inicio del juego

4. No hacer calentamiento físico previo al juego

5. Asumir un comportamiento soberbio hacia el juego
   y con los compañeros
6. Renegar y asumir actos groseros o agresivos cuando
   tienes malos tiros
7. No respetar los códigos de honor y comportamiento
   en el juego y en el campo
8. Asumir un lenguaje corporal inapropiado
9. Hacer mal uso de las reglas básicas.

El programa GROW te espera con gran alegría y
profesionalismo para acompañarte durante el proceso a través
del golf.

ANEXO II

MÁS QUE UN JUEGO[1]

LA VERDADERA HISTORIA DEL GOLF

El golf, es una industria importante con un impacto positivo en las agendas económicas, ambientales y sociales de Estados Unidos, sigue siendo incomprendido. **We are golf** es una coalición para contar la verdadera historia del golf. No solo el juego, sino las historias de hombres y mujeres trabajadores que lo convierten en el mejor deporte del mundo y cuyo sustento depende de él mismo.

We are golf es una coalición de organizaciones líderes en golf que incluye la asociación de administración de clubs de américa (CMA), la asociación de superintendentes de campos de golf de américa(GCSAA), la asociación nacional de propietarios de campos de golf (NGCOA), Sociedad Americana de Arquitectos de campos de Golf (ASGCA), LPGA, PGA tour, PGA of america, USGA, el consejo de fabricantes de golf de EE. UU. y la fundación mundial de golf (NGF).

El golf es una industria líder en los EUA que realiza una amplia variedad de contribuciones positivas a nuestra sociedad, algunas de los cuales son:

Apoyo: Su contribución ayuda a comunicar los beneficios caritativos y de fitness del golf a los líderes del congreso, del poder ejecutivo y de las agencias.

El golf une a las personas. Una vez que realmente ves a alguien como un ser humano, se vuelve imposible ignorar lo que tiene que decir y es posible que aprendas algo. Creo que es realmente importante.

Todos son bienvenidos: Con muchas formas diferentes de promover la inclusión dentro del juego del golf, **we are golf** apoya varias iniciativas que hacen crecer el juego a través de múltiples canales. El golf es para todos, y todos los que estén interesados en probar este deporte deben tener la oportunidad de jugar.

Comenzando tu carrera: El golf es un juego para todos. Al ser una actividad recreativa para millones de personas de todas las edades, géneros y orígenes étnicos, muchas personas optan por seguir una carrera dentro de la industria. **We are golf** busca facilitar el acceso a las oportunidades que se ofrecen en el mundo del golf.

CARRERAS EN GOLF

Varios trabajos dentro de la industria del golf

La industria del golf tiene varias oportunidades laborales disponibles junto con pasantías. Los puestos en la propiedad pueden incluir: gerente general, jefe de golf profesional, asistente de golf profesional, personal profesional, superintendente de campo, asistente de superintendente, caddy master, entrantes y guardabosques, gerentes de alimentos y bebidas, servidores y más. Dentro de la industria, los puestos pueden incluir: directores ejecutivos, directores de marketing, presidentes, vicepresidentes ejecutivos, directores ejecutivos, vicepresidentes, directores, gerentes y asociados, para cubrir puestos de marketing, contabilidad, recursos humanos, hotelería, legales y relaciones públicas.

Invitando a todos

Get golf ready es un programa de lecciones grupales asequible y respaldado por la industria que brinda una bienvenida a la introducción en el golf. Se dirige a los millones de adultos en los Estados Unidos que nunca han jugado al golf o que tienen una experiencia mínima en el juego. Sin duda desarrollará su comodidad y confianza y podrá ir a practicar este gran juego con familiares y amigos.

La pga jr. League es una oportunidad divertida, social e inclusiva para que los niños y niñas menores de 13 años aprendan y disfruten del golf. Al igual que otros deportes de liga recreativa, los participantes usan camisetas numeradas y juegan en equipos con sus amigos. El programa reúne a familiares y amigos en torno a experiencias divertidas de golf en equipo con el entrenamiento experto de profesionales de la pga y la lpga.

Drive, chip and putt championship, una iniciativa conjunta del master tournament, la asociación de golf de los Estados Unidos y la pga of america, es una competencia juvenil gratuita a nivel nacional que aprovecha el espíritu creativo y competitivo de niñas y niños de 7 a 15 años. Los participantes tienen la oportunidad de competir por un lugar en las finales nacionales realizadas en Augusta national golf club.

Lpga * **usga girls golf** prepara a los juniors para una vida de disfrute del juego y proporciona una base sólida para que las niñas que quieran divertirse con amigos y familiares, compitan en la escuela secundaria, la universidad y / o local, estatal y nacional. Niveles para aprender con fines profesionales futuros, tanto dentro como fuera de la industria del golf. Empodera e inspira a las niñas para el juego de la vida.

Athletes world foundation ofrece becas deportivas para atletas, lo que les permite continuar su educación a través del deporte. El espíritu atlético se define por la dedicación, el trabajo en equipo y la integridad. Athletes world foundation cree en estas cualidades. Creemos en los deportistas.

Kids golf foundation es una asociación de golf juvenil en todo el estado de Illinois que ofrece y apoya varios programas y eventos de golf diseñados para introducir a los niños entre las edades de 5 y 17 años al deporte del golf, sus fundamentos, reglas, historia, etiqueta, lecciones de vida y más.

El programa play9 ™ de la usga ha estado educando y reuniendo a golfistas y no golfistas por igual en torno al concepto de la ronda de 9 hoyos como una solución importante, pero simple, para abordar las vidas ocupadas. Play9 es importante para el juego y su salud, ya que promueve una opción amigable con el tiempo.

El programa sticks for kids de la fundación golf course builders association of america está dedicado a presentar y enseñar a los jóvenes el juego del golf. El programa se centra en la idea de que todos los niños, independientemente de su nivel socioeconómico, deben tener la oportunidad de jugar al golf.

Footgolf es una combinación de dos deportes populares: fútbol y golf. El juego se juega con una pelota de fútbol número 5 reglamentaria en un campo de golf en hoyos acortados con copas de 21 pulgadas de diámetro ubicadas a yardas de los greens. Los jugadores se adhieren al código de vestimenta del campo de golf y no usan tacos de fútbol.

Campos de golf en el mundo PDF **Golf Around the World. - The R&A**

ANEXO III

MI VIDA Y EL GOLF

No quería terminar este libro, mi primer libro, sin explicar el por qué de mi pasión y agradecimiento al golf.

Por alguna razón, las personas nacemos con diversas cualidades y actitudes que nos permiten enfrentar cada evento de nuestras vidas de manera diferente, por fortuna, yo soy un optimista nato... y digo por fortuna porque de otra manera, seguramente, no me encontraría aquí ofreciendo lo que soy al servicio de todo aquel que lo desee y necesite a través de Croda Consulting.

Considero oportuno evidenciar con mi propio testimonio desde una aproximación biográfica, que lo consignado en este libro no es solo teoría, cada uno de sus capítulos, reflexiones, enseñanzas, apuestas, tienen una directa conexión con mi historia personal y familiar. Esta obra no surge de una exclusiva intención intelectual y teórica, no, es el producto de la relación existente entre el golf, el liderazgo y el couching, con la vida misma, en particular mi vida.

Si bien provengo de una estirpe de gente trabajadora, tenaz, luchadora y bondadosa que llegó desde Italia para labrarse un futuro abundante y honrado en México, debo reconocer que en algún momento todas estas cualidades y valores se olvidaron, a mí y a mis hermanos nos tocó vivir una realidad bien diferente que incluso fuimos víctimas de la violencia.

Sin embargo, mi optimismo y actitud innatas —que también se pueden cultivar— me permiten ser hoy un claro ejemplo de fuerza y superación. Tengo el don e inspiración para convertir la maldad en bondad, el egoísmo en generosidad y el odio recibido en amor regalado. Mi vida ha sido una vida de historias muy duras y a pesar de las cartas que me tocaron en ella, supe jugarlas para crear mi propio partido de la vida.

Para llegar hasta aquí el golf ha sido mi motor de vida y mi salvación. Soy un hombre de fe, afortunado, íntegro, generoso, humilde, justo, curioso, disciplinado, apasionado, perseverante y siempre agradecido. Lo que me caracteriza es que permanentemente regalo una franca sonrisa y que doy lo que tengo sin esperar nada a cambio. Dicen que quien más da es quien más recibe, sin embargo, este no es para nada mi principal aliciente.

Admiré a mi abuelo paterno que, habiendo quedado huérfano a los ocho años, labró su propio destino y el de su familia sin saber leer ni escribir. Llegó a ser un agricultor y ganadero muy respetado en el estado donde vivía, ayudó a su madre a sacar adelante a sus nueve hermanos. Ellos eran hijos de inmigrantes italianos que llegaron a enseñar y a trabajar tierras agrícolas de difícil cultivo. La enseñanza más importante que recibí de mi abuelo es la frase: «*Para saber mandar hay que primero saber hacer las cosas*», pero también aprendí de él a compartir el conocimiento y buscar la oportunidad de servir a los demás. Su pasión fueron los caballos de carreras, los cuales aprendí a montar cuando me fui a trabajar a su rancho como un peón más para aprender sobre el manejo del mismo; con los caballos tuve la suerte de jinetear en varias carreras, fue una experiencia indescriptible llena de adrenalina. Otra enseñanza importante y determinante en mi vida fue: «Todas las relaciones se basan en la confianza».

Dios pone a personas especiales a lo largo de tu vida para cuidarte. En mi caso fue el padre Miguel, quien me enseñó el valor de la espiritualidad y la humildad. Mediante la renovación cristiana y el Espíritu Santo llegaron a mí los dones que me han acompañado a lo largo de mi vida y me han salvado de diversas situaciones, sobre todo, me han permitido ser instrumento para ayudar a personas a protegerse del mal.

La etapa más difícil de mi niñez fue cuando atravesábamos problemas bastante graves en casa; en ese entonces, mi maestro Ramón Valdez Castellanos me enseñó a controlar y canalizar mis emociones enseñándome a declamar, a ejecutar la mandolina y la marimba, aptitudes que me ayudaron a desarrollar intuición, seguridad y templanza ante situaciones graves y de peligro.

Don Juan Cobo Rodríguez, mi vecino, me enseñó todo lo relacionado al juego y al mundo del golf, el valor de la familia, y que había otras formas de vivir.

Admiro a Gary Player por su humildad, me veo reflejado en él. La adversidad me hizo más fuerte y tenaz, confirmo que cuando se quiere se puede y al igual que a él, a mí lo que más me mueve es ayudar a los demás. Coincidencialmente ambos compartimos la pasión por los caballos.

De mis tíos políticos por parte de mi madre, Humberto Cavallari (italiano) y Edwin Culp (estadounidense), aprendí los valores de la perseverancia, curiosidad, creatividad e innovación; me dieron la oportunidad de creer que cualquier idea por muy loca o arriesgada que esta fuera, era posible. También me enseñaron a gestionar oportunidades a partir de cada problema y nunca aceptar un no definitivo... cada no esconde un sí como posibilidad si lo buscas.

Mi decisión de salir a buscar una vida diferente y pudiese ser la persona que deseaba, me llevó a Monterrey, allí estudié y me gradué de ingeniero industrial administrador. Gracias al golf pude contactar con el dueño de una empresa constructora que me dio la oportunidad de trabajar en ella como dibujante técnico. Conforme avanzaba mi carrera, fui trabajando en diferentes industrias como la del vidrio, metalmecánica y agrícola-ganadera.

Tuve la oportunidad de trabajar como asistente del Dr. Sauma (ex Navy SEAL) para un proyecto en Ghana, África. Con él aprendí lo relacionado a la investigación y el desarrollo de cultivos tropicales, liderazgo, trabajo en equipo, comunicación y disciplina. Mi pasión por la agricultura, las personas, la investigación y desarrollo de cultivos como la piña, me llevaron a desarrollar el centro tecnológico CIACES y la comercializadora COVECA, que apoyaban con la organización, capacitación y entrenamiento para conseguir transformar los métodos de cultivo, producción y venta de los productos. Ambos centros introdujeron variedades y tecnologías para el cultivo y la venta internacional de la piña, pero mi mejor logro fue conseguir una mejora sustancial en las vidas de las comunidades involucradas.

Años después tuve el honor de conocer a Don Rafael Guillaumin, un visionario que a sus 70 años de edad inició un centro tecnológico del bambú, me invitó amablemente a formar parte del consejo de administración y gracias a mi trayectoria y conocimientos este proyecto creció con excelentes resultados transformando la agricultura forestal y permeando a las clases sociales más desfavorecidas en México.

Cuando tenía treintaiséis años la vida me dio una gran sacudida en la salud, en la economía y en la existencia… después de muchos ires y veneres de estas pruebas que experimenté conté con el apoyo del presidente del campo donde yo solía jugar, me invito a trabajar en el club, pues tenían muchos problemas con el mantenimiento del campo y además tenía que cambiar y reconstruir el pasto de los *greens*. Fui consciente de la magnífica ocasión que la vida me estaba poniendo delante y pedí la oportunidad de hacer un programa que involucrara, además del mantenimiento, prácticas culturales y programas de entrenamiento para quienes quisieran iniciarse o mejorar en la práctica del golf. El hecho es que desarrollé un paquete tecnológico con óptimos resultados para el club. Este fue mi inicio como superintendente de campos de golf.

En un segundo revés de la vida, la violencia de mi país me llevó en acuerdo con mi esposa a trasladarnos de residencia y país, por un breve tiempo mientras pasaba la tormenta, lamentablemente no fue así, porque la alternancia entre México y EE. UU se hizo cada vez más compleja y finalmente decidimos radicarnos en Estados Unidos.

Posterior a toda esa serie de eventos adversos, recibí una oferta para trabajar en Souther Oaks Golf Club para adecuarlo y ponerlo en venta. La propietaria del club sabía que yo tenía la competencia de lograr en tiempos muy cortos, hacer posible lo imposible optimizando los recursos, el talento, y utilizando lo que tenía a la mano. Acepté este reto y en apenas cuatro meses se logró vender el campo a un precio superior del valor estimado.

El nuevo dueño me ofreció el continuar trabajando en el campo, lo cual estaba sujeto a sus expectativas. Me manifestó que el club estaba en el puesto 64 del *ranking* de los campos de Metroplex, donde hay más de 220 campos y él lo quería posicionarlo entre los diez mejores. Acepté el trabajo e hice un plan para que, con un presupuesto razonable y en un máximo de siete años, lográramos el objetivo. Finalmente, lo logré posicionar el Southern Oaks Golf & Tennis Club en segundo lugar en tan solo cinco años y con una inversión de solo el 70 % de lo presupuestado

De dos de mis grandes pasiones, las personas y el golf, nació Croda Consulting con una misión, crear oportunidades para el crecimiento individual, empresarial y social a través del desarrollo del liderazgo, utilizando los valores y principios del golf. La idea es que la consultora pueda trabajar en cualquier lugar, con empresas o grupos de cualquier tamaño, desde individuos hasta grandes equipos, para ayudarlos a alcanzar su potencial sin crear dependencia, ofreciendo servicios que se basan en la capacitación y creación de la independencia que conducen a resultados y éxito a largo plazo. Puestop que soy una persona de principios sobre los que se basa mi llamado a servir a las personas a través del crecimiento personal, la educación del carácter, el desarrollo del liderazgo, la dinámica organizacional y la industria del golf. Combino todos estos elementos multifacéticos en mis relaciones profesionales y personales

Me dedico a enseñar estos valores y habilidades para la vida en todos los ambientes en los que participo con el fin de crear una mejor sociedad, demostrando que hay formas diferentes de vivir, siempre logrando ser mejores individuos, hijos, hermanos y amigos. Deseo contribuir a crear ambientes donde pueda ver nacer, desarrollarse y vivir a mis nietos, con salud, prosperidad, seguridad y libertad... ambientes con valores y liderazgo, aportando a la comunidad en lo necesario para lograr el mundo que quiero dejar a mi familia como legado.

Soy bilingüe, innovador, astuto y estratégico. Mi lema es: «Somos los arquitectos de nuestro propio destino». Creo que enseñar a otros la importancia de centrarse en los valores de su vida personal y profesional, la importancia de la responsabilidad social, son la clave para crear un mundo más feliz y sostenible. Además, por mi pasión y servicio a la industria del golf en general, en el país donde más se practica este deporte, fui nombrado Embajador del Golf, y también reconocido dentro de los diez mejores instructores de golf de EE. UU. y *coach* destacado por el First Tee. Y por llevar y transmitir el mensaje a diferentes partes del mundo en la industria del Golf. Igualmente fui nominado para el Tällberg Foundation's Eliasson Global Leadership Prize por cuarto año consecutivo.

Lo importante no es lo que hice sino cómo lo hice cuando llegué a EE. UU. investigué acerca de las cámaras que había, asistí a eventos para conocer personas, me involucré con el The First Tee como voluntario ya que para ese entonces contaba con mi credencial de instructor profesional de golf y conocía el manejo del sistema SNAG, el cual se estaba introduciendo en las escuelas, también asistí a jugar en los torneos de caridad representando el First Tee en calidad de coach con participantes. Me di a la tarea de conocer las diferentes culturas de los participantes, de los otros *coaches* y a los *sponsors* del programa. Así me fui involucrando en escuelas de las zonas más desfavorecidas y con mayor problemática, finalmente me ofrecieron la oportunidad de tomar cursos para avanzar en la certificación como *coach* del curriculum de The First Tee. Como no podía trabajar legalmente, todo lo que hice fue como voluntario, lo cual me ayudó a irme preparando para el momento actual. Conocí más de 65 campos de golf del Metroplex, donde ofrecí mis servicios de asesoría.

Poco a poco me fui involucrando como voluntario en las asociaciones de superintendentes de campos de golf de américa, atendiendo diferentes comités a nivel local y la nacional; también participé en representación de estas en Washington, Europa y Sudamérica. Me relacioné con los diferentes entes de golf compartiendo mi conocimiento sobre liderazgo, comunicación, trabajo en equipo, planeación estratégica, relaciones profesionales, gestión, presupuestos, administración, etc. Finalmente me certifiqué como superintendente y a partir de entonces escribí varios artículos relacionados y publiqué videos de trabajos.

Utilizo mis plataformas profesionales y personales para construir y promover una cultura de colaboración y comunidad. Me siento visionario tanto aquí en los Estados Unidos como en mi país de origen, México. Siempre estoy dispuesto a retribuir y ofrecer mi tiempo libre como voluntario y a trabajar en las habilidades para la vida, porque por experiencia sé cómo superar las barreras del idioma y la cultura, cómo conectar y realmente disfrutar el interactuar con cualquier persona.

Hoy estoy comprometido con hacer un mundo mejor, acompañando a las personas a descubrir su propósito.

Finalmente, el golf me ha dado amigos con los que he compartido alegrías, éxitos, tristezas y enseñanzas que me llevaron al crecimiento y formación del ser humano que soy. Los valores adquiridos en casa, los aprendidos en el golf, los aportados por mi querida esposa Linda, nos han llevado a formar una hermosa familia con María Jimena, Jorge y María José.

Para mí, el valor de la familia me lleva a reflexionar sobre lo que soy, lo que quiero para ellos, lo que quiero para mí y lo que quiero para mi comunidad. Me di a la tarea de enseñar a mis hijos este excelente deporte formativo que los ayudó a moldear su carácter, les dio la oportunidad de conocerse y conocer a las personas con las que interactúan, es una llave que les abrirá muchas puertas en el futuro porque es el deporte que da más contactos y, además, les ayuda en la forma como se relacionan con la vida misma.

DAR FORMA A CÓMO VIVES Y TRABAJAS A TRAVÉS DE LOS VALORES DEL JUEGO DE GOLF

Croda Consulting se dedica a ayudar a las personas y las empresas a tener más éxito

Croda Consulting cuenta con más de treintaitrés años de experiencia multicultural en diseño y renovación de campos deportivos especialmente golf, fútbol y beisbol, implementación y refinamiento de procesos, optimización de negocios, recursos humanos, capacitación de empleados, formación de equipos y satisfacción al cliente.

La experiencia versátil de propiedad y administración de nuestro equipo con compañías, empresas e industrias, incluidos los complejos procesos y la fuerza de trabajo, nos permite reconocer, evaluar y capitalizar rápidamente las oportunidades en el mercado. Nuestra misión es crear oportunidades para el crecimiento individual, empresarial y social a través del desarrollo del liderazgo utilizando los valores y principios del golf.

Soy el presidente de la compañía y el responsable de múltiples revitalizaciones de campos de golf y campos deportivos que aumentaron los ingresos y la sostenibilidad de las instalaciones, siempre consiguiendo organizar y liderar el equipo de los profesionales más capacitados e idóneos para ayudar a las empresas a identificar y satisfacer sus necesidades y objetivos.

ACERCA DEL AUTOR
JORGE CRODA

Jorge Croda, originario de México, obtuvo su licenciatura como ingeniero industrial en la Universidad Regiomontana. Es un profesional apasionado y experimentado en la industria del golf y la agricultura, con más de veinte años de experiencia en América Latina, Europa y los Estados Unidos. Su experiencia como jugador, entrenador, consultor, superintendente, ingeniero industrial y educador le da una perspectiva única sobre cómo usar la vida, los negocios y las habilidades sociales como ventajas.

Ha fundado Croda Consulting, donde gracias a sus conocimientos sigue su misión de crear oportunidades para el crecimiento individual, empresarial y social a través del desarrollo de liderazgo utilizando los valores y principios del golf. Con un espíritu empresarial innato, habilidades de pensamiento innovadoras y su pasión por el golf, su área de experiencia es mejorar el éxito de las empresas a través de la efectividad de sus líderes y equipos mediante la capacitación y el desarrollo de personas y grupos, recalcando que tiene una amplia experiencia en liderar equipos multiculturales.

Cuenta con comprobado éxito mundial en la renovación de campos de golf y campos deportivos, consultoría, mercadeo, creación de equipos, creación de entornos de aprendizaje óptimos, desarrollo de liderazgo y representación de compañías multinacionales.

Ha trabajado como superintendente en 2017 y fue el primer hispano en recibir el Premio a la Superintendencia del Año TurfNet, reconocido a nivel nacional en E.E. U.U.

Es Coach por First Tee y está reconocido entre los diez mejores maestros de enseñanza del golf PGTAA.

Su lema es «Somos el arquitecto de nuestro propio destino» y está convencido que enseñar a otros la importancia de centrarse en los valores de su vida personal y profesional, y la importancia de la responsabilidad social, es la clave para crear un mundo más feliz y más sostenible.

Gracias a que se mantiene en un aprendizaje constante, ha logrado certificarse como coach ontologico, coach PNL y neurocoach en seguridad, salud y educacion

Su gran propósito es hacer crecer el juego del golf para todos.

UNA ÚLTIMA COSA...

No se aparte el libro de esta Ley de tus labios: medítalo día y noche; así procurarás obrar en todo conforme a lo que en él está escrito, y tendrás suerte y éxito en tus empresas.[1]

— (JOSUÉ 1.8)

NOTAS

2. LAS INTELIGENCIAS DEL APRENDIZAJE Y LA NEUROCIENCIA

1. Revista Didasc@lia: D&E. Publicación cooperada entre CEDUT- Las Tunas y CEdEG-Granma, CUBA
   Vol. VII. Año 2016. Número 4, Octubre-Diciembre
   https://dialnet.unirioja.es/descarga/articulo/6667026.pdf
2. https://www.elpais.com.co/opinion/columnistas/carlos-e-climent/las-similitudes-del-golf-y-la-vida.html

3. EL GOLF Y EL TRABAJO

1. Para que conozcas un poco al respecto te sugiero este enlace: https://www.apd.es/que-es-el-entorno-vuca-y-como-afecta-a-la-supervivencia-de-las-empresas/

4. LÍDERES A TRAVÉS DEL GOLF

1. Maratea, Rafael (2011). «Liderar con swing. Descubre el arte de liderar a través del golf». Editorial Granica, Buenos Aires, Argentina, 2011

7. LIDERAR A OTROS (TENER)

1. Comparto la siguiente definición: "Liderazgo, entendido como el talento para influir en los demás desde la credibilidad, la autoridad moral y el ejemplo, y la necesidad de aprender." Recuperado de: https://juancarloscubeiro.com/2020/10/como-entrenar-la-mente-desde-y-para-el-liderazgo/
2. Recuperado de: https://jeronicalafell.com/frase-reflexion-de-aristoteles/
3. Recuperado de: https://www.entrepreneur.com/article/273183
4. https://www.game-learn.com/que-es-liderazgo-maneras-definirlo/

5. https://blog.santamariapanama.com/blog/golf-para-la-salud-mental#:
   ~:text=Entre%20otros%20efectos%20de%20la,padecer%
   20enfermedades%20como%20el%20Alzh%C3%A9imer.

ANEXO II

1. Wearegolf.org

UNA ÚLTIMA COSA...

1. Recuperado   de: *https://www.bibliacatolica.com.br/la-biblia-de-
   jerusalen/josue/1/*

Made in the USA
Monee, IL
22 March 2021

62656350R00095